ullstein

EVA DIGNÖS ist *SZ*-Autorin und freie Journalistin. Sie hat gemeinsam mit Sabeth Ohl den Ratgeber *Die Zyklusstrategie* (2015) geschrieben. Manchmal ärgert sie sich, dass sie die Weisheiten ihrer eigenen Kinder nie aufgeschrieben hat. Dann könnte sie nämlich angemessen reagieren, wenn sie von ihnen wieder zu hören bekommt: »Also, früher hast du immer gesagt …«

KATJA SCHNITZLER ist *SZ*-Redakteurin und Kolumnistin. Ihre bislang veröffentlichten Bücher sind *Mir reichts, ich geh schaukeln – Der ganz normale Wahnsinn im Büro und wie man da nicht verrückt wird* (2019), der humorvolle Erziehungsratgeber *»Ich zähle jetzt bis drei …« – Warum uns Kinder verrückt aber glücklich machen* (2014) und *Die wundersame Welt des Fliegens* (2013). Auf die Frage, wo ihre Mutter gerade sei, haben ihre Kinder mal geantwortet: »Daheim. Sie macht die Wäsche. Oder schreibt ein Buch.«

Eva Dignös
Katja Schnitzler

DAS FAULTIER BEWEGT SICH WIE OPA

Die besten Kindersprüche –
immer witzig, manchmal weise
und (leider) oft wahr

Mit Illustrationen von Dirk Schmidt

Ullstein

Besuchen Sie uns im Internet:
www.ullstein.de

Hinweis der Autorinnen:

Rechtschreib-, Grammatik- und Zeichensetzungsfehler in den Anekdoten wurden von uns korrigiert. Wir können die Erinnerungen unserer Leserinnen und Leser nicht in Gänze verifizieren, haben aber keinen Anlass, an deren Richtigkeit zu zweifeln. Anstelle des generischen Maskulinums haben wir bei Begriffen wie »Schüler« oder »Lehrer« männliche und weibliche Formen gleichermaßen verwendet. Die jeweiligen Bezeichnungen können synonym betrachtet werden und sollen für Personen aller Geschlechter stehen.

Originalausgabe im Ullstein Taschenbuch
1. Auflage März 2021

In Kooperation mit der *Süddeutschen Zeitung*, München.
Umschlaggestaltung: zero-media.net, München
Titelabbildung und Illustrationen: Dirk Schmidt, München
Satz: KompetenzCenter, Mönchengladbach
Gesetzt aus der ITC Berkeley Oldstyle
Druck und Bindearbeiten: CPI books GmbH, Leck
ISBN 978-3-548-06317-1

Wir danken allen Leserinnen und Lesern der
Süddeutschen Zeitung, den Müttern, Vätern, Tanten,
Onkeln und Großeltern, die ihre lustigsten Kindersprüche
mit uns geteilt haben.

Wir haben ja auch sonst Spaß an der Arbeit –
aber dabei noch nie so oft laut gelacht.

Inhalt

Vorwort *9*

1. Die Wahrheit und nichts als die Wahrheit *11*
2. Kleine Missverständnisse *29*
3. Familienbande *41*
4. Seltsame Tierwesen (und wo sie zu finden sind) *69*
5. Gesundheitsfragen (die vielleicht noch nie jemand zuvor gestellt hat) *85*
6. Kulinarische Kuriositäten *103*
7. Mode: Keine Frage des Alters *123*
8. Unordnung ist die schönste Ordnung *135*
9. Mitten im Leben *145*
10. Rund ums Geld *153*
11. Fragen, die die Welt (bisher noch nicht) bewegen *161*
12. (Übernatürliche) Erkenntnisse und andere Entdeckungen *171*

13. Ausgezogen, um die Welt zu sehen
(oder lieber doch nicht) *193*

14. Bewegungsdrang, Sport und andere Körperkünste *201*

15. Lernen (nicht nur für die Schule) *211*

Schlusswort *219*

Quellen *221*

Vorwort

Kinder sind hemmungslos. Zum Glück, denn wären sie so vorsichtig, vorausschauend, verdruckst und vorbildlich, wie oft in der Erwachsenenwelt verlangt, wäre der Alltag doch ziemlich »wangleilig«. Wenn niemand Buchstaben verdrehen und eine Familien-Geheimsprache schaffen würde, die sich Außenstehenden verschließt. Diese bekommen so natürlich nicht mit, dass sie als »Lilabums« gerade übelst beschimpft wurden. »Arschloch« darf man schließlich nicht sagen – außer diese vorlaute Blume im Garten hat einen gerade beleidigt! Auch was Ausreden betrifft sind Kinder äußerst erfinderisch.

Noch dazu sind sie oft direkter, als einem lieb sein kann. Wir Autorinnen fanden es jedenfalls beruhigend, dass sich der Nachwuchs anderer Leute ebenfalls intensiv mit ersten Gebrechen und Alterserscheinungen der Eltern auseinandersetzt (»Mama, deine Oberarme schwabbeln schon fast so schön wie die von der Oma!«). Danke, Kind.

Vor allem eröffnen Kinder mit ihrer unvoreingenommenen Art völlig neue Sichtweisen: Wo am Körper überall Bärte wachsen können. Wofür der kleine Bruder wirklich gut ist, wenn die Mutter den Älteren gerade »zum Fressen süß« findet. Dass Aufräumen unmöglich ist, wenn man sowieso schon »Stress an den Händen« hat. Wie Jesus wirklich in den Himmel auffuhr (Spoiler: Er brauchte ein bisschen technische Unterstützung).

Und der Nachwuchs erwartet gespannt Antworten auf Fragen, die wir uns nie gestellt hätten: Sind fünf Tage länger als zwölf Autos? Stirbt ein Virus, wenn er von der Gabel fällt? Wie wirken sich die Löcher im Käse auf den Geschmack aus? Hat der Weihnachtsmann rote Fusseln zwischen den Zehen? Schwappt in der Ostsee Salz- oder Zuckerwasser? Und natürlich: Wie zumfoniert das?

Ganz wunderbar, würden wir sagen.

Denn mit ihren Bonmots machen Kinder unser Leben so viel bunter und lustiger. Also seien Sie bereit für plötzliche Einsichten (»Mama, ich bin nicht niedlich! Ich bin großartig!«), schöne Aussichten (»Papa, wenn du tot bist, darf ich dann ein Meerschweinchen haben?«) und Liebesbekundungen der besonderen Art (»Weißt du, ich habe dich so lieb, wie es Mülltonnen auf der Welt gibt!«).

Wir wünschen Ihnen viel Vergnügen mit den besten Kindersprüchen. Doch seien Sie gewarnt: »Immer, wenn der Spaß losgeht, muss man aufs Klo!«

Ihre Eva Dignös und Katja Schnitzler

1.

Die Wahrheit und nichts als die Wahrheit

Kinder und Narren sagen die Wahrheit – weil sie die Konsequenzen nicht fürchten. Oder nicht daran denken. Sie sind einfach hemmungslos ehrlich (»Mama, jetzt bin ich brav – und gleich wieder nicht!«). Immerhin wissen wir so genau, woran wir sind. Wer sonst gibt uns im Alltag jederzeit und ungefragt derart offen Feedback? Ein Coach, wahrscheinlich kinderlos, würde sagen: Nimm Kritik an als Chance zur persönlichen Weiterentwicklung. Allerdings sind wir weder zwischen Supermarktregalen noch um halb sechs Uhr morgens bereit, uns dank ungefilterter Fremdeinschätzung zu optimieren. Wir wollen nur einkaufen. Oder ausschlafen.

Auch andere Menschen sehen die Wahrheiten, die ihnen unsere Kinder um die Ohren schlagen, selten als willkommene Chancen. Verständlich, wenn das Kind ›flüstert‹: »Die Frau sieht aus wie eine Hexe!« Die arme Dame kann froh sein, wenn sie sich nach dieser Verkündung selbst am schwarz gefärbten Haarschopf aus dem emotionalen Sumpf ziehen kann und nicht ernsthaft über eine chirurgische Längenanpassung ihrer hervorstechenden Nase nachdenkt.

Als direkter Gesprächspartner der Kleinen kann man es sich leider ebenso wenig aussuchen, ob man eine oft unbequeme, manchmal am Selbstbild kratzende Wahrheit gerade hören will. Oder verkraftet. Mit ihrer Wahrheit sind Kinder großzügig, jeder bekommt sein Fett weg. Immerhin auch sie selbst.

Noch lieber teilen die süßen Kleinen an Familienmitglieder aus, und das ordentlich. Besonders fixiert scheinen sie auf das Bloßstellen diverser Alterungsprozesse zu sein, die einem selbst vielleicht noch gar nicht aufgefallen waren. Oder haben Sie schon bemerkt, dass Ihre Stirn zur Dreifaltigkeit neigt? Und nun sind sogar vier Falten zu sehen! Und wissen Sie, welcher Ihrer Oberarme mehr schwabbelt? Dieses Phänomen untrainierter Trizepse wird tatsächlich von erschreckend vielen Menschen »Winkefleisch« genannt. Das ist so uncharmant, es könnte von einem Kind stammen.

Gnadenlos ehrlich

Kinder nehmen wirklich kein Blatt vor den Mund. Warum auch? Man würde sie ja trotzdem hören. Zu stoppen ist ihr Redefluss sowieso nicht.

> **»Unterbrich nicht meine Widerwörter!«** *Warwick, fünf Jahre*

Entweder sind sie um keine Ausrede verlegen – oder nicht verlegen genug, um eine Ausrede zu erfinden.

> Amalie zieht sich wieder einmal die Winterstiefel von den Füßen, ohne sie vorher aufzumachen. Als sie dabei ertappt wird, rechtfertigt sie sich: **»Das kann ich doch nicht wissen, dass du gerade jetzt herschaust!«** *Amalie, vier Jahre*

Das wäre Amalie ein Jahr später nicht mehr passiert – sie hat inzwischen geradezu hellseherische Fähigkeiten entwickelt:

> **»Ich hab mir halt schon immer gedacht, dass so**

was wie Corona mal passiert, deswegen wollte ich schon immer so viele Spielsachen.« *Amalie, fünf Jahre*

Im Gegensatz zu Eltern, die sogar bereits Vergangenes nicht mehr auf dem Schirm haben. Den vollen Namen ihres Kindes hätte diese Mutter eigentlich wissen können, war sie an der Wahl doch bestimmt beteiligt:

Lars sitzt auf der Couch und blättert ziemlich wild in einem Buch. **»Lars, pass bitte auf, das Buch gehört der Bücherei und nicht uns.« – »Mama, Vorsicht ist mein zweiter Vorname.«** *Lars, fünf Jahre*

Eine weitere typische Angewohnheit Heranwachsender: Eltern hinterrücks mit unangenehmen Wahrheiten zu konfrontieren.

Witze eines Neunjährigen: **»Warum spielt man mit Erwachsenen nicht Verstecken? – Weil niemand sie suchen würde!«** *Marek, neun Jahre*

Und dann halten sie einem auch noch den sprichwörtlichen Spiegel vor, wie dem märchenhaften Kaiser mit den neuen Kleidern.

Ratlos vor dem Kleiderschrank: **»Ich hab nichts anzuziehen.«** Leopold: **»Ist dein Schrank wirklich leer?«** *Leopold, vier Jahre*

Unser Wissen stammt nicht nur aus Märchenbüchern, sondern ist seit der Zeit der Höhlenmenschen tief in den Genen verankert – und kommt bisweilen recht unvermittelt ans Licht:

Annabell sieht, dass die Kerze nicht brennt, und möchte sie anzünden. Ihre Mama verneint. Annabell: **»Mama, aber ohne Feuer ist es keine gute Party.«** *Annabell, zwei Jahre*

Immerhin: Kinder nehmen ab einem gewissen Alter Überliefertes nicht mehr einfach hin, sondern hinterfragen etwa Sinn und Unsinn mancher Spiele (wenn auch nicht den gar nicht unterschwelligen Rassismus, aber das kommt sicher noch).

Nico bleibt beim Spiel ›Wer hat Angst vorm schwarzen Mann‹ stehen und fragt aufgeregt: **»Warum rennen wir dann weg, wenn wir keine Angst haben?«** *Nico, sieben Jahre*

Allerdings können Eltern nicht davon ausgehen, dass ihr Nachwuchs jederzeit die Ehrlichkeit in Person ist.

Die Tochter würde am liebsten den ganzen Tag im Pyjama zu Hause herumtrödeln. Mama erinnert sie daran, dass sie von Ausflügen in die Natur immer gut gelaunt zurückkommt. **»Ich war gar nicht in echt glücklich. Ich habe mich nur glücklich gestellt.**

Wie der Käfer Herr Sumsemann aus Peterchens Mondfahrt sich totstellen kann.« *Matilda, sechs Jahre*

Ehrliche Fragen erfordern jedenfalls ehrliche Antworten – und manches ist nur eine Frage der Zeit. Wir sind gespannt.

Große Schwester zum kleinen Bruder am Esstisch: **»Machst du Quatsch?« – »Nein, aber gleich.«** *Lara, neun Jahre, und Noel, zweieinhalb Jahre*

Kinder sind leider verflixt realistisch. Und egoistisch noch dazu.

»Wenn ich dir was gebe, habe ich doch selbst nichts mehr.« *Tim, drei Jahre*

Manche ernst gemeinte Drohung verfehlt dann doch ihren Zweck.

»Entweder ich darf jetzt noch fernsehen oder ich geh' sofort ins Bett!« *Philipp, fünf Jahre*

Sind sie jünger, geben die süßen Kleinen ihre Eindrücke so zweckungebunden wie ungefiltert weiter. Zum Leidwesen der Eltern.

Anton begrüßt in der Videokonferenz Mamas 40-jährigen Kollegen mit grau melierten Haaren: **»Hi Opa!«** *Anton, eineinhalb Jahre*

Nun, immerhin wurde der Kollege nur zum Großvater gemacht. Und nicht als Volldepp bloßgestellt.

Lautstark während der Telefonkonferenz im Homeoffice: **»Mama, ist das jetzt der nette oder der doofe Bernd?«** *Anna, sechs Jahre*

Mit etwas Glück wurde dieser Einblick in die väterliche Körperhygiene nicht während einer Videokonferenz gewährt.

»Der Papa duscht. Dann ist er wieder schön und riecht nicht mehr nach Wein.« *Eliah, drei Jahre*

Zumindest der Weihnachtsmann könnte sich das vor seinem nächsten Besuch zum Vorbild nehmen.

»Mama, der Weihnachtsmann hat bestimmt rote Fusseln zwischen den Zehen!« *Johanna, drei Jahre*

Generell scheint die gelegentliche Teilnahme an Videokonferenzen nicht zu mehr Respekt vor Vorgesetzten zu führen.

»Und welche Superkräfte hat Meister Wu von den Ninjas?« – »Der kann nichts. Der ist nur der Chef.« *Kolja, fünf Jahre*

Das macht aber nichts in Zeiten flacher werdender Hierarchien. Und in einer modernen Gesellschaft sollte sowieso Abstand von der Zuteilung starrer (Geschlechter-)Rollen genommen werden:

Julian beim Rollenspiel mit einem Freund: **»Bist du eine Frau oder nur ein Mensch?«** *Julian, vier Jahre*

Zu Hause ist die Rollenverteilung aber noch klar geregelt:

»Ich bin die Prinzessin und Papa ist der König.« – »Und wer bin ich?« – »Mama, du bist der Drache.«
Emma, drei Jahre

Bei familienfernen Personen der Zeitgeschichte fällt die Einordnung schwerer. Sofern man noch nicht die Unterscheidung zwischen Licht und Schatten, Weiß und Schwarz, Demokrat und Autokrat gelernt hat.

Der Sohn liebt »Star Wars«. Als er im Radio einen Bericht über den russischen Präsidenten Wladimir Putin hört, fragt er: **»Papa, steht Putin auf der dunklen Seite der Macht?«** *Leopold, sieben Jahre*

Das Unterscheiden von Gut und Böse ist ein hehres Erziehungsziel, ebenso Ehrlichkeit. Und das hat man dann davon.

»Kommst du mit uns spazieren?« – »Nein.« –

»Möchtest du wirklich auf unsere gute Unterhaltung verzichten?« – »Wenn ihr gute Unterhaltung wärt, käme ich ja mit.« *Marek, 13 Jahre*

Und dann haben sie auch noch recht. Verflixt.

Mama: **»Mach schnell, wir haben es eilig.«** Tabea: **»Nein, DU hast es eilig, ich nicht.«** *Tabea, vier Jahre*

Manchmal liegt es aber nicht am Wollen, sondern am Können:

Aufbruch Richtung Kindergarten: Flo soll sich beeilen, damit er nicht zu spät kommt. **»Papa ich bin erst fünf! Ich kann mich noch nicht beeilen!«** *Flo, fünf Jahre*

Dabei sind Kinder bereits mit vier Jahren selbstständiger als gedacht.

Die ganze Familie will bei schönem Wetter raus in den Garten, nur der Vierjährige nicht: **»Ich bleib herinnen, ich kann auch allein überleben.«** *Matthias, vier Jahre*

Hier bleibt uns nur eines zu sagen: Schluck.

»Mama, bekomme ich deine Sonnenbrille, wenn du tot bist?« – »Du kannst sie schon haben, wenn du groß bist.« – »Nein, so lange will ich nicht warten.« *Maja, fünf Jahre*

Bedenklich, schließlich lassen Kinder bisweilen lieber Taten sprechen statt Worte. Das Ergebnis bleibt gleich frustrierend.

Tobias spielt mit Mamas Geldbörse. **»Tobias, kannst du die Geldbörse bitte wieder in Mamas Schublade zurücklegen?«** Er legt sie in die Schublade mit den Kochtöpfen. *Tobias, zwei Jahre*

Mit einem erfrischend kleinen Zank am Morgen startet es sich doch gleich viel belebter in den Tag.

»Schade, dass keine Kita ist. Dann können wir uns gar nicht jeden Tag streiten, dass ich nicht in die Kita gehen will.« *Valentin, vier Jahre*

Wahre Worte, gelassen ausgesprochen.

»Papa, du musst dich auch mal entspannen!« *Frida, fast fünf Jahre*

Andere Kinder beantworten selbst drängende Fragen nur zu festen Gesprächszeiten. Gut so! Arbeit und Freizeit sollten nicht vermischt werden.

Die Familie ist mit dem Auto unterwegs. Mama fragt etwas, doch Julius antwortet nicht. **»Oh, ich glaube, der Julius ist eingeschlafen.« – »Nein! Ich bin wach! Aber ich rede gerade nicht!«** *Julius, drei Jahre*

Zudem empfehlen sich strenge Regelungen, um den Übermut anderer Familienmitglieder im Zaum zu halten, wenn diese mal wieder nicht den richtigen Ton treffen.

»Mama! Nicht singen!« – »Warum nicht?« – »Polizei verboten!« *Felix, drei Jahre*

Und wer sich nicht daran hält? Muss mit Konsequenzen rechnen. Das wird teuer!

»Jetzt bekommst du einen Strafzettel von der Spaßpolizei.« *Kilian, vier Jahre*

Komplimente, die wehtun

Einen besonderen Hang, ja Drang zur schonungslosen Wahrheit überwältigt den Nachwuchs angesichts der körperlichen Besonderheiten von Erwachsenen. Gerne zu Zeiten, wenn diese wehrlos sind. Etwa morgens halb sechs in Deutschland – wer da noch Restalkohol abbaut, ist schlagartig ernüchtert:

»Mama, deine Pobacken sind schon ganz schön groß.« *Frederik, sechs Jahre*

Wobei das natürlich eine Frage der Perspektive sein mag. Allerdings hat die Erkenntnis Konsequenzen im Alltag, besonders bei fürsorglichem Nachwuchs.

»Mama, setz dich da hin, da ist extra Platz für deinen dicken Popo.« *Amalie, fünf Jahre*

Dabei sind Kinder zum Glück meist noch weit entfernt von antrainierter Körperscham und wissen die Vorzüge einer gewissen Leibesfülle durchaus zu schätzen. Allein schon aus purem Egoismus.

»Ich liebe deinen dicken Schwabbelbauch, der ist so kuschelig.« *Alma, vier Jahre*

Kinder und Narren sagen eben nicht nur die Wahrheit. Sie sprechen sie auch noch gelassen aus.

»Mama, du bist schlank wie eine Nacktschnecke!« *Konstantin, fünf Jahre*

Da haben Mütter Glück, wenn nur ihre Körpermaße zu Vergleichen mit Tieren inspirieren und nicht ihr Aussehen an sich.

Mama wacht auf und merkt, dass ihre Tochter sie schon länger beobachtet: **»Mama, du siehst aus wie eine Garnele.«** *Henrika, drei Jahre*

Alter schützt vor Vergleichen nicht. Vielmehr scheinen die Fältchen (wir haben schließlich gelacht und gelebt!) die Kinder zu größerer Direktheit zu inspirieren. Womit wir Altvorderen uns trösten? Es ist alles nur eine Frage der Zeit.

»Omi, dein Gesicht sieht aus wie ein vertrockneter Apfel!« *Constantin, fünf Jahre*

Wobei im direkten Generationenvergleich nicht immer die ältesten Familienmitglieder schlechter wegkommen:

»Mama, du siehst alt aus. Papa sieht jünger aus. Aber Oma, die sieht richtig jung aus.« *Christine, fünf Jahre*

Überhaupt sollte mal jemand diesen faltenfreien Fünfjährigen erklären, dass Verallgemeinerungen unfair sind.

»Alte Leute sehen immer so ritzig aus.« *Tini, fünf Jahre*

Manche fiesen Spitzen kommen wie aus dem Nichts und treffen die arglosen Faltenträger völlig unvorbereitet.

»Oma, ich weiß nicht, wie ich deine vielen Falten malen soll.« *Anja, fünf Jahre*

Wird man überraschend mit der eigenen Vergänglichkeit konfrontiert, kann man sich immerhin damit trösten, dass sie es ja nur gut meinen. Die lieben Kleinen.

»Mama, Corona ist ja vor allem schlimm für alte Leute ... und du bist ja schon ein bisschen alt.« *Fritz, vier Jahre, mit sorgenvollem Gesicht*

Aber zu manchen Wahrheiten fällt einem nichts mehr ein. Die sind einfach zu hart.

»Mama, wächst du eigentlich noch?« – »Nein, leider nicht.« – »Wie blöd. Dann wirst du an deinen Geburtstagen ja nur noch älter.« *Lias, fünf Jahre*

Die schönsten Beschimpfungen und andere Arschlöcher

Kinder beschränken sich nicht auf unterschwelliges Beleidigen aus dem Hinterhalt. In gar nicht mal so wenigen Situationen geht doch nichts über schöne, ehrliche Schimpfworte. Denn das wird man ja wohl noch sagen dürfen: Manche Leute sind einfach Trötmänner, Schweißkerle und Prollidioten!

»Der (...) ist ein Parschloch! Arschloch darf ich ja nicht sagen.« *Johann, fünf Jahre*

Aber es gibt Ausnahmen von der Regel.

»Scheiße und Idiot darf man nicht sagen, das sind böse Wörter. Arsch ... Arsch darf man sagen, wenn jemand wirklich ein Arsch ist!« *Greta, vier Jahre*

In diese Kategorie scheint Felix, die alte Nervbacke, zu fallen.

»Mama, der Felix popoziert mich so.« *Maya, vier Jahre*

Ebenso ein Freibrief für derbe Aktionen: Rache für Beleidigungen von wem auch immer. Wäre ja noch schöner, wenn man sich sogar beim Spielen im Garten blöd von der Seite anreden lassen müsste.

Im Garten seiner Tagesmutter reißt Till eine Blume ab. Sie mahnt, er solle die Blume nicht abreißen. Seine Antwort: **»Die hat aber gerade Arschloch zu mir gesagt.«** *Till, zweieinhalb Jahre*

Manche gehen in ihrem Groll jedoch zu weit. Selbst die alten Leute von heute wissen nicht mehr, was sich gehört.

Ein griesgrämiger Mann schimpft: **»Du Arschloch.«** Hanna empört: **»Mama, der kennt dich doch gar nicht und sagt einfach ›Du‹ zu dir.«** *Hanna, fünf Jahre*

Wenn aber die gängigen Schimpfwörter keine Option sind, da von den innerfamiliären Machthabern strengstens verboten, hilft wie immer ein Schuss Kreativität:

»Ihr blöden Lilabums!« *Kathrin, drei Jahre*

Extra: Was tun mit kleinen Wutmonstern?

Hand aufs Herz: Kommen Sie durchs Leben, ohne zu fluchen? Obwohl dieser Typ Ihnen den letzten Parkplatz vor der Kita wegschnappt? Das Honigglas auf den Fliesenboden knallt und beides bricht, Glas und Fliese? Das Kinderfahrrad schon wieder einen Platten hat und in fünf Minuten die Schule beginnt? Da kann ein kerniger Kraftausdruck durchaus etwas Entlastendes haben. Was natürlich keine Aufforderung zum Fluchen sein soll. Eher der Versuch, sich dessen erleichternde Wirkung bewusst zu machen.

Auch Kinderwut braucht ein Ventil. Zumal Emotionen für die Kleinen erst einmal namenlos sind. Sich seiner Gefühle bewusst zu werden und benennen zu können, was da gerade für einen Knoten im Magen oder einen Kloß im Hals sorgt, ist ein großer Schritt in der kindlichen Entwicklung. Der nächste Schritt ist, den Umgang mit seinen Emotionen zu lernen: Warum fühle ich so, wie ich gerade fühle? Ist das angenehm oder unangenehm? Für mich? Für andere? Tut das mir oder anderen gut? Eltern leisten eine wichtige Unterstützung, wenn sie den Kindern helfen, Worte für das zu finden, was sie überwältigt.

Nur ist gerade Wut, womöglich garniert mit ein paar derben Beschimpfungen, gar nicht so leicht zu ertragen, selbst wenn da ein niedliches Kindlein zürnt. Ein paar Tricks können helfen, den Druck auf eine für alle Beteiligten verträgliche Art und Weise aus dem Kessel zu lassen:

Wutzeiten: Manchmal muss man einfach schimpfen. Weil die Bauecke im Kindergarten den ganzen Tag besetzt war. Oder der kleine Bruder die Lego-Konstruktion zerlegt hat. Fünf Minuten, in denen das Wüten ausdrücklich erlaubt ist, können da schon ganz schön entlasten. Und dafür sorgen, dass der Ärger nicht den gesamten restlichen Tag vergiftet.

Kreative Wortschöpfungen: Manche Wörter sind tabu, darauf kann man sich in der Familie durchaus einigen (das gilt dann allerdings ebenso für die Eltern!). Nachdem ein Leben, in dem nie mal ein bisschen verbal die Sau rausgelassen werden darf, aber ganz schön anstrengend ist, überlegt man sich am besten eine kreative Alternative. Kapiert, du döseliger Dumpf-Dudu?!?

Von anderen lernen: Manche Botschaft kommt verpackt besser an, das ist wie bei Geschenken. Viele Kinderbücher widmen sich dem Thema Wut. Manch kleinem Wüterich hat es schon sehr geholfen zu sehen, dass es anderen genauso geht. Und dass es Möglichkeiten gibt, wieder Boden unter den Füßen zu gewinnen, wenn man in die Luft gegangen ist.

Wie wichtig ist es dabei eigentlich, die Bedeutung von Schimpfwörtern und Beleidigungen zu erklären? Das hängt ganz vom Alter der Kinder ab. Viele bringen aus der Kita Begriffe mit, bei denen die Eltern ganz schön schlucken müssen, deren tatsächlichen Inhalt die Kinder aber gar nicht verstehen. Ihnen geht es vor allem um die Wirkung: Ah, so bringt man die Großen ordentlich auf die Palme – das probiere ich doch gleich noch mal aus! In die Tiefen der Semantik einzusteigen, bringt in solchen Situationen weniger, als der Provokation zu widerstehen. Dann wird sie nämlich schnell langweilig. Älteren Kindern sollte man aber durchaus verdeutlichen, dass sie mit bestimmten Beschimpfungen andere Menschen verletzen, herabwürdigen oder diskriminieren. Denn manche wissen gar nicht, dass sie ihrem Gegenüber gerade begeistert ein Schimpfwort an den Kopf schmettern: »Du Rindvieh« klingt einfach zu lustig!

2.

Kleine Missverständnisse

Oft haben minimale Abweichungen von der Norm große Auswirkungen, vor allem auf das Verständnis. Wenn etwa – dem blöden, kaum zu rollenden R sei Dank – »Lobin Hood die Leichen plündelt«, wankt der Heldenstatus ganz schnell, dieser englische Grabräuber, elendiger! Als harmoniebedürftiger Hippie wählt man als Reiseziel statt Nottingham dann wohl lieber »Jeschmusalem«, von international bekannten Kuschlern wärmstens empfohlen. Wer sich aber mit Fernglas und Tropenkleidung auf Fotojagd nach dem ominösen »Schnabelnur« macht, wird enttäuscht sein: So »zumfoniert« das nicht!

Ohne Kommunikation läuft nichts im Zwischenmenschlichen – was nicht heißt, dass es gut läuft. Kommunikationswissenschaftlern und so ziemlich allen anderen über Zehnjährigen ist klar: Nur weil der Sender eine Nachricht aussendet, muss deren Inhalt nicht genau wie gewünscht beim Empfänger ankommen. Vor allem wenn dieser jedes Wort allzu ernst nimmt. Und zwar im Wortsinn.

Wie bitte, Sie können uns nicht folgen, ja wollen nicht mitziehen? Sie denken gar, wir nehmen Sie auf den Arm (obwohl wir Ihre Gewichtsklasse gar nicht kennen)? Da wird doch der Fisch in der Pfanne verrückt! Könnten Sie vielleicht mal alle fünfe gerade sein lassen? Mit der Idee zu diesem Buch sind wir schließlich lange schwanger gegangen. Um es mal klipp und klar auszudrücken: Auch Lesen verpflichtet, also könnten Sie sich ruhig ein wenig mehr reinknien! Falls Sie denken, dass Sie uns – den Autorinnen – anhängen können, dass Sie keinen Durchblick mehr haben … da sind Sie aber schief gewickelt.

An dieser Stelle möchten wir die Gelegenheit nutzen, um zum ersten und einzigen Mal Disneys Captain Jack Sparrow zu zitieren: »Klar soweit?«

Wortwörtlich genommen

Mama, wir hatten doch ausgemacht, dass du nicht immer so missverständliche Fragen stellst!

Kleinkind haut die Mama. Mama streng: **»Was haben wir gestern ausgemacht?«** Kind überlegt und sagt: **»Das Licht?«** *Valentin, zwei Jahre*

Denn man möchte als Kind seine Eltern doch beim Wort nehmen können.

Mama: **»Komm mal her, ich muss mit dir ein Hühnchen rupfen!«** Kind kommt artig und Mama schimpft. Als sie fertig ist, schaut der Sohn erwartungsvoll und fragt: **»Mama, und wann rupfen wir jetzt das Hühnchen?«** *Fin, drei Jahre*

Vielleicht wurde es unter den Teppich gekehrt. Da soll nämlich allerhand zu finden sein.

Wohnung im vierten Stock, mitten im Wohnzimmer ein großer Teppich. Die Kinder nehmen Anlauf, um möglichst akrobatisch auf dem Teppich zu landen. **»Kinder, macht das bitte nicht. Unten ist ein Kind, das krank ist.«** Christian geht zum Teppich, hebt eine Ecke an: **»Nö, da ist niemand …«** *Christian, sieben Jahre*

Manchmal muss man wohl tiefer graben.

Jonathan läuft über einen Gullydeckel: **»Das ist die Kanalation.« – »Das heißt Kanalisation. Da ist li-sa drin. Ka-na-li-sa-tion.«** Jonathan guckt zweifelnd auf den Gullydeckel: **»Da ist Lisa drin?«** *Jonathan, vier Jahre*

Sollte Lisa doch wieder ans Tageslicht wollen, hilft gutes Werkzeug. Auch in weiteren Lebenslagen sind Hammer, Säge, Akkuschrauber und Co. ausgesprochen nützlich.

Christiane steht sinnend vor ihrem alten Gitterbettchen: **»Da kommt also das neue Baby rein …«** Mama: **»Das muss aber erst noch geboren werden.«** Christiane begeistert: **»Au ja, mit Papas Bohrmaschine!«** *Christiane, zwei Jahre*

Vorsicht, nun kommt ein Spar-Witz für zwischendurch:

Die Tochter wünscht sich abends das Aldi-Lied. Hm, was ist denn das Aldi-Lied? **»Ja, ihr singt doch immer ›… denn all die weißen Sterne sind seine Schäfchen nur‹.«** *Anne, vier Jahre*

Zurück zum Ernst des Lebens: Ein wichtiges Argument für die Nutzung öffentlicher Verkehrsmittel wird viel zu selten erwähnt.

»Komm, heute nehmen wir die S-Bahn und nicht das Auto.« – Maria: **»Mmmh, lecker Ess-Bahn.«** *Maria, vier Jahre*

Und Platz für alle ist dort auch.

Papa: **»Wir fahren mit der 1. Klasse.«** Anton: **»Wie? Die kommen alle mit?«** *Anton, sieben Jahre und Erstklässler*

So viele Sympathiepunkte für Bus und Bahn, da können Autos einfach nicht mithalten – selbst wenn sie alles versuchen, um dranzubleiben.

»Der denkt wohl, er kann alle verfolgen, weil er einen Volkswagen hat!« *Alejandro, vier Jahre*

Aber da kann er sich noch so bemühen: Es gibt Fahrzeuge, die lassen sich einfach nicht überholen, schon gar nicht in der XXL-Version.

Nach kreischender Fahrt in einer Achterbahn: **»Jetzt will ich auch mal Zehnerbahn fahren!«** *Zoë, vier Jahre*

Mit politischer Früherziehung fängt man offenbar am besten am Meer an.

Der Fünfjährige kommt ganz aufgeregt aus der Küche,

wo das Radio dudelt. **»Mama, können wir bitte nach Hessen in den Urlaub fahren?« – »Was willst du denn in Hessen?« – »Da gibt es ein riesiges Meer.« – »Nein, gibt es nicht.« – »Gibt es doch!« – »Nein, gibt es nicht.« – »Mama, da muss es ein Meer geben. Die sagen im Radio, in Hessen gibt es Wa(h)l-kämpfe.«** *Frederick, fünf Jahre*

Eltern dürfen sich dann allerdings nicht wundern, wenn ihre Kinder schon in jungen Jahren mitbestimmen wollen.

Lea darf ihre Tante und ihre Mama beim Wahlgang begleiten. **»Ich will auch wählen.« – »Das dürfen nur große Leute, leider, da musst du noch warten.«** (wütend) **»Aber ich KANN das! Wenn ich Oma anrufen will, wähle ich ja auch alleine!«** *Lea, vier Jahre*

Vielleicht bekommt Bürgermeister Nuschel ihre Stimme, dem man nicht vorwerfen kann, dass er den Wählern nach dem Mund redet. Wobei, so genau weiß das eigentlich niemand.

»Ich weiß, warum das Rathaus Rathaus heißt. Da muss man raten, was der Bürgermeister gesagt hat.« *Janosch, acht Jahre*

Politik, das ist eben manchmal wie Karneval.

Beim Fastnachtsumzug in Mainz: Alle rufen **»Helau,**

helau, helau«. Am nächsten Tag: **»Komm, Mama, wir spielen Umzug, und du bist der Herr Lau.«** *Johanna, drei Jahre*

Gut, jetzt wissen wir, welcher Tätigkeit Herr Lau nachgeht. Und Herr Müller mahlt Getreide, Frau Bäcker produziert Brot und Kuchen, Herr Schneider näht – tja, ganz so einfach ist es leider nicht.

Nach dem Besuch der Schneiderei: **»Mama, war das jetzt Helge Schneider?«** *Hannah, vier Jahre*

Dabei wäre ein von dem musikalisch-kabarettistischen Multitalent persönlich entworfenes Outfit für gewisse Anlässe genau richtig.

Mama sucht nach passender Kleidung für ein Open-Air-Konzert der Sportfreunde Stiller. Die Tochter sucht mit, das Wetter ist eher durchwachsen. **»Mama, zieh doch den Rock an!« – »Nein, für den ist es zu kalt.« – »Mama, den Rock.« – »Nein, für das Konzert ist er nicht so gut geeignet.« – »Aber Mama, du hast doch gesagt, du gehst auf ein Rock-Konzert!«** *Marlene, fünf Jahre*

Fremdsprachenkenntnisse sind eben sehr, sehr wichtig im Leben.

Nach ein paar Wochen Englischstunden im Kindergarten: **»Dieses eine Auto, heißt das dann Schweinrauf?«** *Adele, fünf Jahre und auf der Suche nach einem deutschen Wort für einen Pick-up*

Zumindest die Vokabeln für überlebenswichtige Nahrungsmittel sollte man kennen.

Mama, total gestresst: **»Oh nein, das ist jetzt echt der worst case.«** Kind, im besten Fränkisch: **»Mama, warum jetzt Wurscht und Käs?«** *Ben, vier Jahre*

Nicht dass im Restaurant aus Versehen ein Bären-Steak anstelle von heißen Himbeeren bestellt wird.

Eine Fahrt mit dem Zug durch Felder und Wiesen und vorbei an Wäldern … Mutter: **»Ah, da wachsen ja Holunderbeeren!«** Lonneke: **»Oh, Mama … aber Holunderbären beißen doch!«** *Lonneke, vier Jahre*

Eingefleischte Vegetarier können natürlich auf Obst und Gemüse aus dem eigenen Garten setzen.

Ben im Garten: **»Guck mal, hier habe ich dreimal gebeetet.«** *Ben, drei Jahre*

Vielleicht kommt sogar ein Insekt mit Smartphone vorbeigekrabbelt.

Michael möchte wissen, warum ein Käfer ausgerechnet Pillendreher heißt. Oma erklärt, dass er aus seinem Kot kleine Kügelchen formt und darin seine Eier ablegt. **»Weißt du denn, was ›Kot‹ ist«, fragt sie. »Natürlich weiß ich das, den braucht man fürs Handy!«** *Michael, vier Jahre*

Womit die folgende Annahme widerlegt wäre, die wohl noch aus der Zeit der schnurgebundenen Fernsprechapparate stammt.

»Wir müssen ganz schnell nach Hause, Papa und ich haben einen Telefontermin.« – »Aber das Telefon kann doch nicht weglaufen. Wieso müsst ihr euch da beeilen?« *Joscha, drei Jahre*

Wir verstehen uns trotzdem

Kinder nehmen manches zu wörtlich, pflegen selbst aber einen kreativen Sprachgebrauch und gestalten Begriffe mit Buchstabendrehern einfach um – schon sind Bonmots geboren, die den Urheber ein Leben lang anekdotisch verfolgen. Selbst wenn er längst einen Doktor in Sprachwissenschaften hat.

»Wie zumfoniert das?« Wie oft haben wir diese Frage gehört. Wir waren fast traurig, als er das Wort schließlich richtig aussprechen konnte. *Julian, zwei Jahre*

Manch kindliche Wortschöpfung klingt so perfekt, als hätte ein Werbetexter sie nach wochenlangem Brainstorming geboren.

»Ich muss auf die Klolette!« *Jan-Eric, fünf Jahre*

Dies wäre ein Kandidat für ein Kreuzworträtsel der besonderen Art: Kennen Sie die Nährstoffversorgungsleitung zwischen Mutter und Baby mit elf Buchstaben?

»Das Baby im Bauch isst von der Schnabelnur.« *Lorenz, drei Jahre*

Manchmal streichen die elterlichen Oberkorrektoren nur einen einzigen Buchstaben, und schon ist es vorbei mit der erwarteten Steigerung an Lebensqualität.

Noch wohnen die Freunde 800 Kilometer weit weg, aber nicht mehr lange: Gemeinsam hat man ein großes Haus gemietet. Am Wochenende kommen sie, um ihre Wohnung zu streichen. Der Sohn freut sich auf ein ganzes Wochenende »streicheln« – und ist sichtlich enttäuscht, als er erfährt, worum es wirklich geht. *Luke, vier Jahre*

Wenn ein Buchstabe hingegen einen anderen ersetzt, muss

in schweren Fällen zum Vorwurf des Diebstahls der Straftatbestand »Störung der Totenruhe« hinzugefügt werden.

Der Fünfjährige kann noch kein »r« sprechen. **»Ich bin Lobin Hood, komm, wil plündeln die Leichen.«**
Janosch, fünf Jahre

Wie schön, wenn anstelle von Konfrontation ein Zeichen der Versöhnung gesetzt werden kann.

»Ich weiß, wie die Stadt heißt, in der sich alle lieb haben!« – »Aha – und wie?« – »Jeschmusalem!«
Ferdinand, acht Jahre

Auch die deutsche Grammatik birgt ihre Fallstricke.

Paula: **»Und weil er nicht aufpasste, fallte er einfach um.«** Eltern: **»Fiel.«** Paula: **»Nein, nur einmal.«**
Paula, vier Jahre

Und ganz besondere Zeiten schenken ganz besondere Versprecher.

Abendessen beim Griechen zu Beginn der Corona-Pandemie, mit Tochter und chinesischer Ehefrau. Tochter: **»Wo bleibt mein Virus?«** Erschrockene Blicke am Nachbartisch. Papa kann beruhigen: **»Das heißt Gyros!«** *Georgina, fünf Jahre*

3.

Familienbande

Mama und Papa sind die Besten. Eigentlich. Leider haben sie einen Haken: Sie wollen bestimmen. Immer! Alles! Selbst (oder besonders) die behütetsten Kinder wachsen in einer Welt voller Ungerechtigkeit auf. Denn Eltern mischen sich in alles ein und tarnen es als Fürsorge: Sie schicken einen ins Bett, obwohl man noch gar nicht müde ist, kein bisschen, hellwach! Sie stören den schönsten Angriff auf den Planeten Bausteinandor, weil sie unbedingt in die Arbeit wollen, über die sie dann hinterher nur schimpfen! Sie verlangen, dass alles, was auf den Tisch kommt, zumindest probiert wird – obwohl man vorher schon weiß, dass es so eklig schmecken wird, wie es jetzt schon stinkt! Und sie erwarten auch noch, dass man riechen sagt statt stinken! Ob Kleiderwahl, Spielzeiten, Schlaf-Phasen, neue Wege, die entdeckt werden oder eben nicht – über jede Kleinigkeit meinen Eltern entscheiden zu können. Und regen sich dann auf, wenn man vor Wut lautstark platzt. Aber das werden sie schon sehen, wenn wir groß sind, dann bestimmen wir! Über sie!

Bis sich das Machtgefälle umkehrt, prägen Kinder das Alltagsleben der Eltern sozusagen durch die Hintertür: So bremsen sie die ewigen Hektiker aus, die doch tatsächlich denken, sie könnten den Nachwuchs morgens ausnahmsweise mal rechtzeitig aus dem Haus bugsieren. Dann will ebendieser Nachwuchs (weniger neutral formuliert: Bälger, Blagen, Gören und Bengel, oder schön bayerisch: Schrazen) plötzlich die Schuhe selber anziehen, NEIIIIN, SELBER!!!! Immerhin verhallt anschließend die spitze Bemerkung der Chefin, wann man mal wieder vorhabe, pünktlich zur Arbeit zu erscheinen, weitgehend ungehört: Das Piepsen und Rauschen im elterlichen, gehörsturzgefährdeten Ohr ist zu laut.

Weitere Tricks (eine winzige Auswahl) der kleinen Rebellen, um Eltern beschäftigt zu halten und ihnen die Grenzen des Bestimmer-Daseins aufzuzeigen:

- akuter Bedürfniswechsel (Mein Bein tut weh! Mein Rücken juckt! Ich hab sooooo Hunger! Und Durst! Noch mehr Durst! Da ist eine Ameise in meinem Hosenbein!), besonders beliebt am Abend oder wenn sich Erwachsene unterhalten;
- Drama-Kings-and-Queens-Auftritte (Ich BLUUUUUTE! – Wo? – HIIIEEEER! – Äh, wo genau? – HIIIIIEEEER! – Holt das Mikroskop);
- vorübergehende Taubheit und akuter Gedächtnisverlust (Ich habe dir doch schon tausendmal gesagt, du sollst nicht mit Straßenschuhen über den weißen Teppich laufen; deine Schwester beißen; das U-Bahn-Fenster abschlecken; …).

Aber wenn sich nachts ein monströser Maulwurf aus der Matratze wühlt, welch Glück, wenn Mama oder Papa ihn in die Flucht schlagen und im Elternbett die Hand halten, bis der Schlaf gegen die böse Erinnerung gewinnt. So schön, wenn die Tante zeigt, wie der blöde Ast am Kletterbaum, der unerreichbar schien, doch ergriffen werden kann (und wie man wieder runterkommt vom Wipfel). Genial, dass es mit Großeltern immer einen Plan B gibt, denn kluge Kinder wissen: »Was man nicht von den Mamas bekommt, bekommt man von den Omas.« Flexibilität bringt nicht nur im Berufsleben weiter.

Dass man sich in einer Familie in- und auswendig kennt, trifft in besonderem Maß auf Mutter und Kind zu – aus biologischen Gründen. Wobei das Kind da einen Vorteil hat: »Mama, ich kenn dich besser, ich kenn dich von innen.«

Mamas

Vor dieser Erkenntnis muss allerdings die grundlegende Frage geklärt werden: Wann hat das mit uns beiden angefangen? Dann haben Mütter die Wahl zwischen einer wirklich guten Geschichte – und der schnöden Wahrheit: dem Kreißsaal.

»Mama, wo haben wir uns eigentlich kennengelernt?« *Katharina, vier Jahre*

Das Wichtigste ist sowieso, dass sich alle Säuger lieb haben.

»Mama und Papa und Marc sind meine Freunde und alle anderen Tiere auch!« *Dennis, fünf Jahre*

Damit das so bleibt, arbeitet der geschulte Nachwuchs mit dem Mittel der positiven Verstärkung.

»Mama, du siehst echt so schön aus, wenn du nicht mit mir schimpfst.« *Samuel, drei Jahre*

Leider sind nicht alle Mütter für so gezielt eingesetztes Lob empfänglich.

Resigniertes Fazit nach vielen kleineren und größeren Streitereien zwischen Mutter und Kind: **»Schade, dass du immer recht hast.«** *Amalie, fünf Jahre*

Das könnte an einer gar nicht so offensichtlichen Eigenschaft liegen:

> **»Mama ist ganz schön schlau, obwohl man ihr das gar nicht ansieht.«** *Alexander, fünf Jahre*

Kein Wunder, wenn man da als Mutter mal kurz die Nerven verliert. Und nicht so schnell wiederfindet.

> **»Luisa, hör auf zu nerven, mir wird das alles zu viel.« – »Tja, Mama, da hättest du dir keine Kinder wünschen dürfen.«** *Luisa, elf Jahre*

Da man Kinder nicht einfach wieder wegwünschen oder an treusorgende Freunde und Verwandte auslagern kann, wird es schon mal hektisch. Für die Mutter, nicht für die Kinder. Die genießen das Schauspiel auch noch!

> Der fünfjährige Leander sitzt mit seinem Bruder am Esstisch. Er macht Vorschulaufgaben, sein elfjähriger Bruder arbeitet Schulaufgaben ab. Mama sprintet helfend zwischen den Kindern hin und her, schreibt an ihrer Doktorarbeit, kocht, putzt, kümmert sich um die Wäsche … und ist leicht genervt. Sagt Leander lächelnd in den Raum: **»Mama, das ist doch anstrengend, wenn man Kinder hat, oder?«** *Leander, fünf Jahre*

Gut, wenn der Humor im Alltag nicht ganz verloren gegangen ist. Hoffentlich.

»Mama, warum bist du eigentlich nicht so lustig wie der Papa?« *Josephine, fünf Jahre*

Da wünschen sich nicht nur Mütter eine Prise mehr Magie. Wobei das nicht ohne Risiko ist: »Besen, Besen! Seids gewesen …« Schon Goethe kannte sich mit den Tücken des Zauberhaushalts aus.

Mama: **»Jetzt warte doch mal drei Minuten ab! Ich kann nicht zaubern!«** Benno: **»Hä? Wie machst du denn dann alles hier?«** *Benno, vier Jahre*

Die tägliche Überlastung kommt daher, dass Mütter für alles zuständig sein sollen – auch wenn sie das gar nicht wollen.

Josephine will sich die Schuhe nicht selbst anziehen. **»Nein, Mama, du sollst mir meine Schuhe anziehen, schließlich bist du für mich verantwortlich!«** *Josephine, fünf Jahre*

Überhaupt reiten manche Kinder enervierend auf dem Verursacherprinzip herum.

»Bitte zieh deine Sachen aus und die Schlafsachen an.« – »Aber Mama, du hast sie mir doch angezogen. Also musst du sie mir auch wieder ausziehen!« *Minke, drei Jahre*

Kein Wunder, dass Mütter da gerne auf die Zeit zurückblicken, als die Kleinen zwar vielleicht schon eine eigene Meinung hatten, diese aber nicht äußern konnten.

Mama findet im Schrank Toms erste Schuhe und wird ganz sentimental: **»Guck mal, deine ersten Schuhe.« – »Warum hebst du die noch auf?« – »Als Erinnerung.« – »An meine Füße?«** *Tom, fünf Jahre*

Können sie sprechen, nimmt die Kritik kein Ende mehr – sogar die Sprüche der Altvorderen werden geklaut von der Jugend von heute. Schamlos!

»Ach ja, die Jugend von gestern«, seufzt der zehnjährige Sohn gerne, wenn seine Mutter sich in seinen Augen unvernünftig verhält – also häufig. Eines Tages dann noch die Steigerung: **»Oder von vorgestern …«**
Marek, zehn Jahre

Dabei, so heißt es, sollen Eltern doch ein Vorbild sein. Nun, alles richtig gemacht, würden wir in diesem Fall sagen:

»Mama, ich wäre so gerne du! Dann könnte ich immer schimpfen und die ganze Chipstüte leer essen.« *Sara, drei Jahre*

Andere gehen die Sache mit den Fußstapfen, in die sie treten wollen, ebenfalls recht pragmatisch an.

»Ich will mal so eine Mutter werden wie du!« Mama: **»Ach, ich dachte, du würdest eher etwas geduldiger sein wollen … warum also?« – »Weil ich nicht so viel üben will.«** *Ariana, vier Jahre*

Nachdem so wieder ein gemeinsamer Nenner gefunden wurde, kommen sich Mutter und Kind ganz nah.

Mama quetscht sich zum Kind in die Höhle: **»Das ist aber eng hier.« – »Aus Enge wird Gemütlichkeit, wenn man sie gut ausnutzt.«** *Matilda, fünf Jahre*

Wer nun den Eindruck hat, Kinder würden in der Mutter nur eine bessere Dienerin mit Kuschelfaktor sehen, irrt. Zumindest liegt es den Kleinen sehr am Herzen, alles und vor allem die Frau Mama am Laufen zu halten. Manche Kinder neigen gar zur Überfürsorge:

»Mama, ich esse die Schokolade für dich, damit du nicht so einen dicken Bauch bekommst wie Onkel Hans.« *Victor, drei Jahre*

Das Leben mit hilfsbereitem Nachwuchs ist allerdings manchmal gruseliger als ein Horrorfilm.

Die Mutter liegt mit Fieber im Bett. James schleicht ins Schlafzimmer, legt ihr seine kühlen Händchen auf die Stirn und flüstert: **»Hey Mama, soll ich dich kalt machen?«** *James, vier Jahre*

Wirklich lustig wird es sowieso erst später.

»Mama, du bist noch nicht alt. Du bist noch normal!« *Ceren, vier Jahre*

Trotz gewisser Egoismen lieben Kinder ihre Mütter aus vollem Herzen und tun dies auf eine Weise kund, mit der niemand rechnet. Wir hätten unsere Liebe nicht schöner in Worte fassen können:

Mülltonnen stehen zum Leeren auf der Straße. **»Mama, gibt es viele Mülltonnen auf der Welt?« – »Ja, ganz viele!« – »Weißt du, ich habe dich so lieb, wie es Mülltonnen auf der Welt gibt!«** *Robin, vier Jahre*

Mütter müssen da keinen Vergleich scheuen, auch wenn sie das gerne würden.

»Mama, du bist schrecklich alt und sehr wertvoll, aber man kann dich nicht verkaufen.« *Anika, fünf Jahre*

Der wahre Wert eines Menschen lässt sich genauer bemessen als gedacht.

»Mama, du bist die Wertvollste in unserer Familie.« Große Freude, aber nur kurz. **»Weil du die Einzige bist, die einen Goldzahn hat.«** *Benjamin, fünf Jahre*

Und aus der Serie »uneigennützige Liebesbeweise«, Teil 289 (gleich nach »Ich nehme deine Perlenkette, damit du nicht so schwer tragen musst«):

> Auf die Frage, warum das Kind jede Nacht in Mamas Bett schlüpft: **»Mama, ich will dir damit nur zeigen, wie sehr ich dich liebe!«** *Lada, vier Jahre*

Diese Liebe ist unendlich, jedoch nicht teilbar. Dafür aber mitteilbar.

> **»Mama, ich habe dich so lieb!«- »Ach, da freue ich mich. Sagst du das dem Papa auch mal?« – »Papa, ich habe die Mama so lieb!«** *Lilly, vier Jahre*

Papas

Gut, wenn Mann trotz solcher kleinen Rückschläge voll in der Vaterrolle aufgeht. Denn Papa bleibt Papa, ein Leben lang.

> **»Papa, wenn ich groß bin, muss ich dann immer noch Papa zu dir sagen?«** *Ayşen, vier Jahre (… und in der Annahme, dass nur sie älter wird und eines Tages ihren Vater an Jahren überholt)*

Zurück zur Frühphase der Vater-Kind-Beziehung. So

mancher Vater würde sein Baby nur zu gern nicht nur wickeln, sondern auch stillen. Doch es hat Gründe, dass dies den Müttern vorbehalten bleibt. Wir sagen nur: Jugendschutz!

»Aus Mamas Brust kommt Milch, aus Papas Bier!«
Paul, drei Jahre

Väter könnten in der so gewonnenen Freizeit die Gelegenheit nutzen, endlich den Beipackzettel über die Risiken und Nebenwirkungen der Elternschaft zu lesen.

Vater genervt zu den Kindern: **»Es reicht jetzt!« – »Papa, wir sind Kinder! Und Kinder machen auch manchmal Quatsch!«** *Noel, drei Jahre*

So ist es wohl. Doch selbst der größte Quatsch ändert natürlich nichts an der Bindung der Väter an ihre Kinder. Manchmal pappt man geradezu aneinander.

Lucia wischt sich mit dem Ärmel ihres frisch gewaschenen Pullovers die Schokocreme von der Schnute, der Vater protestiert entsetzt. Sie schaut in ihre sauberen Handinnenflächen, wischt sich damit den verschmierten Mund ab. Dann beugt sie sich vor, packt mit ihren Händen Papas Gesicht und raunt ihm lächelnd zu: **»Und wenn sie nicht gestorben sind, dann kleben sie noch heute.«** *Lucia, vier Jahre*

Bisweilen muss der Nachwuchs den Vater eben zurück auf den Boden der Tatsachen holen. Für wen hält der sich eigentlich? Oder für was?

Fabio bleibt mit seinem Laufrad an jedem Grashalm, Stein oder Stock stehen und betrachtet alles ausgiebig. Papa wird ungeduldig: **»Fabio, jetzt fahr endlich, sonst werde ich wirklich sauer.« – »Papa, du bist keine Zitrone!«** *Fabio, zwei Jahre*

Oder vielleicht doch?

Linus sitzt im Einkaufswagen und holt immer wieder Dinge heraus, um sie anzuschauen. Papa hat Angst, dass etwas kaputtgehen könnte, und ermahnt ihn, es sein zu lassen. Daraufhin packt Linus das Klopapier und wirft es auf den Boden: **»So, jetzt kannst du wirklich sauer sein!«** *Linus, fast drei Jahre alt*

An diesen Lebensweisheiten kommen weder Eltern noch Kinder vorbei. Erstens: Auf nichts kann man sich verlassen. Und zweitens: Alles muss man selber machen!

Morgens ein Ruf aus dem Kinderzimmer: **»Papa, du musst mich noch wecken!«** *Simon, drei Jahre*

Und Lebensweisheit Nummer drei: Es gibt nur den EINEN, wahren Bestimmer. Bestimmt! Ihr Kleingläubigen.

»Du bestimmst nicht über mich! Nur der Papa bestimmt über mich!! DU bestimmst NUR über den Papa!!!!« *Leni, vier Jahre*

Bei Streitigkeiten hilft, in »Pädagogik für Anfänger« nachzuschlagen, Kapitel zweidreiviertel: Wie Sie für Ruhe sorgen, aber pronto!

»Was würdest du machen, wenn du der Vater von den weinenden Zwillingen wärst?« – »Ich würde sie boxen und sagen, dass sie die Klappe halten sollen.« *Leon, sieben Jahre*

Ein schlagendes Argument hilft übrigens auch, wenn Väter es einmal wieder zu weit treiben:

»Papa, das können wir nicht machen … sonst wird Mama sauer!« *Valentin, sechs Jahre*

Stehen hingegen die Kinder und ihr Verhalten im Fokus, empfiehlt sich: Erst einmal alles abstreiten!

Papa war ein paar Tage nicht da. Mama berichtet ihm danach: **»Die Kinder waren wirklich ganz lieb!«** Greta: **»Welche Kinder?«** *Greta, fünf Jahre*

Geschwister – liebste Verbündete, die schrecklich nerven

Welch Freude, wenn die Familie wächst! Welch Wunder, so ein Baby! Und wieder ist es das schönste Kind auf der Welt – zumindest für die Eltern. Die Schwestern und Brüder des neuen Erdenbürgers sehen das etwas nüchterner.

> Das neugeborene Geschwisterchen kommt aus dem Krankenhaus nach Hause. **»Der Kopf ist so klein, da passen noch keine Gedanken rein.«** *Carolina, fünf Jahre*

Der Name steht bei der Geburt meist schon fest – nach Wochen und Monaten intensiver Überlegungen. Wir geben zu bedenken, dass es die Wahl stark einschränkt, wenn der große Bereich der Kulinarik ausgeklammert wird.

> Die Familie ist auf der Suche nach einem Namen für das Geschwisterkind. Rosa: **»Hackfleisch ist kein Mädchenname.«** *Rosa, drei Jahre*

Falls das Nachbarskind immer am Gartenzaun abhängt und Passanten grüßt – wir wissen, für welchen Namen sich seine Eltern entschieden haben …

Fred rätselt, wie seine noch ungeborene Schwester heißen wird: **»Ich glaube, sie heißt Zwerg. Dann kann sie immer im Garten stehen und winken.«**
Fred, vier Jahre

Auch später ist es unter Geschwistern wichtig, sich klar zu positionieren. Kind Nummer vier übrigens, bekannt als Torpedo-Karli, war bei dieser Familienaufstellung verhindert.

Kind 1: **»Ich bin Schütze.«** Kind 2: **»Und ich Löwe.«** Kind 3 (überlegt): **»Dann bin ich Geschwindigkeit.«**
Tim, sechs Jahre

Egal ob aus der Raubtier- oder Raser-Fraktion: Viele Geschwister sind einander ihr ganzes Leben lang in inniger Liebe verbunden. Und wollen dies der Öffentlichkeit offiziell kundtun.

Luis: **»Mama, zwei Männer dürfen doch auch hochzeiten, oder?« – »Ja, klar, Schatz!« – »Gut, dann hochzeite ich mal Julian.«** (Julian ist sein Bruder.)
Luis, vier Jahre

Doch solche langjährigen Beziehungen können Nachteile haben: Neun Jahrzehnte später, wenn ihn sein großer Bruder schon wieder am Mittagstisch in die Wange kneift, wird er sich wohl wünschen, er hätte ein anderes Seniorenheim gewählt:

Emil über seinen neugeborenen kleinen Bruder: **»Er ist so süß! Ich glaube, ich werde ihn immer süß finden. Auch, wenn er dann schon zwei Jahre alt ist – oder neunzig.«** *Emil, fünf Jahre*

Doch zurück zur Kindheit: Gute Geschwister teilen bereitwillig, sogar Komplimente.

Mama: **»Du bist so süß, ich könnte dich fressen.«** Leon schaut unsicher und überlegt. Nach längerer Pause: **»Jonathan** (der jüngere Bruder) **ist auch süß!«** *Leon, drei Jahre*

Diese Beziehung prägt fürs Leben, wegen schonungsloser Ehrlichkeit.

Tobias singt: **»Kuckuck, kuckuck, ruft's zu dem Wald.«** Matthias: **»Nein! Kuckuck, kuckuck, ruft's AUS dem Wald!«** Tobias singt wieder: **»Kuckuck, kuckuck, ruft's zu dem Wald.«** Matthias: **»Okay, du bist kein guter Sänger.«** *Tobias, zwei Jahre, und Matthias, vier Jahre*

Geschwister brauchen einander eben, obgleich sie es niemals zugeben würden. Dabei können kleine Brüder durchaus von Vorteil sein.

Im Spielzeugladen: **»Mama, kann ich das zum Geburtstag haben?« – »Ja, aber du hast erst in einem**

halben Jahr wieder Geburtstag.« – »Mama, kann Silas das zum Geburtstag haben?« *Nila, vier Jahre*

Einfühlsam unterstützen sie sich in Lebenskrisen – oder ordnen sie wenigstens ein. Halbwegs korrekt.

Die große Tochter tickt am Esstisch aus, die kleine Tochter lehnt sich im Hochstuhl zurück und sagt: **»Nuna pupantiert.«** *Melanie, fünf Jahre*

Gut, gelegentlich, aber wirklich nur ganz gelegentlich, sollen Geschwister mal unterschiedlicher Meinung sein.

Juna streitet sich mit ihrem vierjährigen Bruder: **»Aber Mama, ich hab links gehabt.«** *Juna, zwei Jahre*

Und nicht nur um elterliche Aufmerksamkeit konkurrieren sie, sondern auch um den Sieg. Bei jedem Wettrennen wieder. Gut, wenn sich die Kontrahenten richtig einschätzen können.

Bruder zur älteren Schwester: **»Ich bin Erster – und ich bin nicht selber blöd!«** *Aurel, vier Jahre*

Aber Gewalt? Nein, niemals – ist eben einfach ein Tollpatsch, diese kleine Schwester.

»Die Paule ist gegen meine Faust gelaufen.«
Charlotte, sieben Jahre

Extra: Wenn Geschwister immer streiten

Interview

»Bitte nicht mit den Konflikten allein lassen«

Geschwister streiten, mal mehr, mal weniger – aber aus Elternsicht viel zu oft um völlig banale Kleinigkeiten. Können die nicht einfach mal ruhig miteinander spielen? Die Antwort weiß Psychologin Johanna Graf, die an der Ludwig-Maximilians-Universität München das Eltern-Kompetenz-Training »FamilienTeam« entwickelt hat und Kurse für Eltern gibt (www.institut-erziehungskompetenz.de).

Warum müssen Geschwister immer streiten?

Johanna Graf: Warum sollten sie nicht? Wenn sich unterschiedliche Menschen treffen, prallen unterschiedliche Interessen und Bedürfnisse aufeinander. Es ist schwierig, damit konstruktiv umzugehen und Lösungen zu finden. Erst recht, wenn man klein ist und das noch gar nicht gelernt hat. Wie oft Geschwister miteinander streiten, hängt von verschiedenen Faktoren ab: Sind sie eher verträgliche oder dominante Persönlichkeiten, wie viel Zeit verbringen sie miteinander, wie groß ist der Altersabstand? Wenn sie vom Alter nah beieinanderliegen, ist oft die Konkurrenz größer. Und es ist schwieriger, seine Nischen zu finden, wenn man sich sehr ähnlich ist. Irgendwie muss man sich ja abgrenzen.

Also geht es nicht nur um die Sache, sondern auch um die Position in der Familie?

Genau. Nehmen Sie einen typischen Streit im Kleinkindalter: »Das ist aber meine Puppe!« – »Ich hatte das zuerst.« – »Immer machst du alles kaputt.« Vordergründig sind das Besitzkonflikte, aber in Wirklichkeit wird geklärt, wer sich durchsetzen kann. Das ist wie ein Eisberg: Unter der Spitze, die aus dem Wasser ragt, liegen viel mehr Themen. Wer wird von Vater oder Mutter lieber gemocht, auf wessen Seite stehen sie? Es geht um Selbstwert, um Identität.

Und doch sind die ständigen Streitereien für Eltern einfach nur nervig ...

Eltern wünschen sich, dass sich ihre Kinder lieben, dass sie sich gut vertragen, dass sie sich gegenseitig unterstützen und Bündnispartner fürs Leben werden. Dann ist es nicht nur nervig, sondern oft schmerzlich, wenn sie sich dauernd in den Haaren liegen. Aber man muss auch die Perspektive der Kinder sehen: Stellen Sie sich vor, Ihre Freundin nimmt Ihnen einfach Ihre teure Lieblingssonnenbrille und Ihren Lieblingslippenstift weg, kostbare Dinge, die ja Ihnen gehören. Das würde Sie ganz schön vor den Kopf stoßen. Kleinen Kindern passiert das ständig. Aus Erwachsenensicht sind es banale Dinge, um die Kinder streiten. Für sie aber sind sie kostbar.

Wie sollten Eltern daher reagieren, wenn sich ihre Kinder mal wieder in den Haaren liegen?

Wir wollen nicht nur, dass unsere Kinder sich gut verstehen, sondern wir wünschen uns, dass sie Auseinandersetzungen selbstständig lösen. Zu Recht: Es ist eine ganz wichtige Kompetenz im späteren Leben, Konflikte konstruktiv bewältigen zu können, ohne den anderen zu verletzen. Aber wir dürfen nicht erwarten, dass sie das einfach so können. Das sind Kompetenzen, die man üben muss. Wir würden unser Kind auch nicht ins Wasser werfen und verlangen, dass es ohne Hilfe schwimmt, nur weil es jetzt im passenden Alter ist.

Wie lässt sich Konfliktbewältigung trainieren? Eltern können doch nicht immer danebensitzen, wenn ihre Kinder miteinander spielen.

Zunächst einmal: Geschwister zu haben, ist für soziales Lernen das beste Übungsfeld. Aber bitte nicht mit den Konflikten allein lassen, sondern ganz im Gegenteil: Je früher man Zeit investiert, desto besser. Das beginnt mit den ersten gemeinsamen Spielsituationen, wenn man ohnehin oft noch danebensitzt. Und sie streiten ja nicht sofort von null auf hundert. Sondern es sind die kleinen Momente, in denen man anfangen kann, vorbeugend zu coachen. Ein Beispiel: Das eine Kind spielt mit dem Bagger, das andere möchte ihn ebenfalls haben. Dann kann ich die Gelegenheit nutzen, um beiden Kindern nahe zu sein und ihnen etwas darüber beizubringen, wie man mit unterschiedlichen Interessen und Bedürfnissen umgeht.

Ich sage: »Ah, du möchtest auch gerne mit dem Bagger spielen, den gerade deine Schwester hat.« Ich fasse also erst einmal das grundlegende Bedürfnis in Worte, ohne zu werten. Das eine Kind fühlt sich verstanden, das andere nicht angegriffen. Und dann kann ich sagen: »Was kannst du denn jetzt machen?« Das beugt vor, dass es sich den Bagger einfach schnappt. »Also, was tun? Du kannst fragen. Oder du kannst den anderen Bagger nehmen. Oder du kannst den Kran zum Tausch anbieten.« Das sind schon mal drei Möglichkeiten, über die das Kind entscheiden kann. Sind die Kinder noch sehr jung, beschränkt man sich am besten auf eine oder zwei Optionen. Und wenn man das einige Male gemacht hat, kommen die Kinder von allein auf Lösungsmöglichkeiten. Das ist wie Essenlernen mit dem Löffel. Am Anfang geht viel daneben, aber schließlich geht es in Fleisch und Blut über.

Nun sind die Kinder älter und die Fetzen fliegen schon, wenn die Eltern hinzukommen …

Kochen die Emotionen bereits hoch, brauche ich den Kindern gar nichts beizubringen, außer, wie sie mit ihren Gefühlen zurechtkommen können. Auch da gilt: Ich ergreife für niemanden Partei, und ich wert-

schätze, dass es eine schwierige Situation ist. Oft hilft ein Stopp-Signal: »So, jetzt setzen wir uns in Ruhe zusammen und schauen, wie wir mit dem Problem klarkommen.«
Das gilt übrigens auch, falls Eltern merken, dass sie gerade nicht die Nerven haben, um ruhig in die Situation zu gehen. Dann lieber noch einen Moment warten, tief durchatmen, überlegen, was man erreichen möchte – und erst jetzt auf die Kinder zugehen.

Die liebe Verwandtschaft

Den Großteil der Verwandtschaft kann man sich nicht aussuchen. Das Ja-Wort hingegen gibt man – welch' Freiheit – der Person seiner Wahl. Nur in seltensten Fällen spielen dabei Prinzen und weiße Schimmel eine tragende Rolle.

Junas Tante ist mit einer Frau verheiratet. Juna: **»Sind Tanja und Nina verheiratet?« – »Ja.« – »Haben die sich bei der Hochzeit geküsst, oder kam ein Mann zum Küssen?«** *Juna, vier Jahre*

Nun wissen wir wieder, wie die ausgestiegenen Mitglieder der Band »The Mamas and the Papas« hießen.

Beim Spiel mit zwei Legofiguren: **»Das sind der Onkel und die Onklerin!«** *Jannis, drei Jahre*

Wer übrigens in Bezug auf die Verwandtschaft einen eher utilitaristischen Ansatz verfolgt, profitiert von diesem Tipp:

»Was man nicht von den Mamas bekommt, bekommt man von den Omas.« *Aurelia, sechs Jahre*

Da könnte diese Frage nicht ohne Hintergedanken gestellt worden sein:

»Bist du schon eine Oma, oder bist du noch erwachsen?« *Johann, neun Jahre*

Die Nutzungsrechte an besonders beliebten Familienmitgliedern sollten rechtzeitig geklärt und am besten schriftlich fixiert werden.

Es gibt Streit, wem der Onkel Dieter »gehört«: Mir als Neffen oder meiner Tochter. Salomonische Entscheidung der Tochter: **»Es ist mein Onkel Dieter, aber du darfst ihn auch mal benutzen.«** *Gabriela, sieben Jahre*

Ein Stammbaum ist wiederum empfehlenswert, wenn das Beziehungsgeflecht einfach zu unübersichtlich wird.

»Oma, ist Papa auch deine Tochter?« *Noel, zwei Jahre*

Mischen sich Angehörige in die Erziehung ein, kann es

unangenehm werden. Dann sind wir katzenstinkig! Oder mäusemuffelig!

David ärgert sich, weil er ins Bett soll. Omas Standardspruch: **»Du bist doch aber schon hundemüde.« – »Ich bin nicht müde – jetzt bin ich aber hundesauer!«** *David, vier Jahre*

Wer aus eigener Initiative Erziehungsgrenzen übertreten will, sollte nicht lange fragen. Die Antwort könnte missfallen.

Marlene und Louis sind bei den Großeltern und möchten allein zu Fuß nach Hause laufen. Das müsse man erst einmal üben, argumentieren Oma und Opa. Aber die Kinder wollen trotzdem. Der Vorschlag der Großeltern: **»Wir rufen die Mama an und fragen, ob es in Ordnung ist.«** Marlene: **»Das könnt ihr machen. Aber da muss ich hundert Jahre alt werden, bis die Mama mal Ja sagt.«** *Marlene, fünf Jahre*

Dabei sollen die beiden ruhig allein losziehen, sicherer wäre es vielleicht. Denn nicht mal auf den Opa kann man sich mehr verlassen.

»Der Opa ist bei Rot über die Ampel gefahren, als er mich letztes Mal nach Hause gebracht hat.« – »Und was hat der Opa dann gesagt?« – »Nix, der hat's ja nicht gemerkt.« *Noelani, fünf Jahre*

Da bietet sich doch eine Übernachtung an! Wobei sich besonders die Gastgeber nicht zu viel von der abendlichen Unterhaltung versprechen sollten.

> Noel übernachtet bei Oma und Opa, und diesmal ist er an der Reihe, die Gute-Nacht-Geschichte zu erzählen: **»Der Hund bellt.«** Opa wartet: **»Ja, und ...?« – »Das war die Geschichte.«** *Noel, drei Jahre*

Während also bei manchen in der Kürze … nun, nicht viel liegt, bestechen andere mit sehr persönlichen Geschenken. Natürlich selbst gemacht!

> Das Patenkind sagt stolz: **»Schau mal meine schöne Geburtstagskarte für dich an. Die hab ich nur für dich gemalt. Hier ist ein grüner Hügel, da steht ein Baum, hier ist die Sonne, und das ist der Grabstein von deiner Oma, und daneben hab ich schon einen für dich gemalt. Der mit dem rosa Herz drauf. Gefällt er dir?«** *Rinna, sechs Jahre*

Opa-Spezial

Man könnte den Eindruck bekommen, dass Großväter und alles, was mit ihnen zusammenzuhängen scheint, die Kleinen besonders beschäftigt. Allerdings hoffen wir, dass der bestimmt topfitte Silver-Ager gerade mit der Senioren-

Wandergruppe beim Powerwalking war, als sein Enkel diese Frage stellte. Oder zumindest das Hörgerät gnädig ein Störgeräusch sendete.

»Gell, der Opa war einmal ein Mann?« *Valentin, drei Jahre*

Auch andere stellen Verbindungen her, die sich auf den ersten Blick … also vielleicht auf den zweiten … irgendwie aufdrängen.

»Schau mal, das Faultier bewegt sich wie Opa.« *Ben, fünf Jahre*

Natürlich ist uns bewusst, dass für Kinder alle Menschen jenseits der 27 uralt sind. Aber gleich so alt?

»Hat der Opa das trojanische Pferd gesehen?« *Johann, fünf Jahre*

Dabei haben nicht alle Senioren das reproduktionsfähige Alter hinter sich. Welch' Freude!

»Oma! Du bekommst ein Geschwisterchen! Opa hat einen ganz dicken Bauch.« *Max, zwei Jahre*

Andere haben mit dem Zuwachs an Lebensjahren offenbar ein wenig an Vitalität verloren.

»Opa sitzt immer zu Hause und guckt Fernsehen – für ihn hat sich durch Corona am wenigsten geändert.« *Henry, zehn Jahre*

Alles wie eh und je also? Mitnichten: Das haben wir andersherum in Erinnerung. Diese Jugend von heute!

»Opa, mach mal die Musik leiser. Ich will mich mit dir unterhalten.« *Karl, drei Jahre*

Schließlich sind Großväter unverzichtbar! Unter solchen Vorzeichen könnten wir uns jedenfalls mit der lebenslangen Berufstätigkeit anfreunden.

»Opi ist ein wichtiger Beruf.« *Konrad, acht Jahre*

Und wenn leider doch die letzte Kündigung erfolgte, wird im Diesseits weiter gut für den Verblichenen gesorgt.

Bei der Popcorn-Zubereitung soll der Deckel nicht auf den Topf. **»Dann bekommt Opa im Himmel auch welche ab!«** *Jakob, drei Jahre*

4.

Seltsame Tierwesen (und wo sie zu finden sind)

Die Beziehung zwischen Kind und Tier und ja, auch zwischen Tier und Kind, ist eine ganz besondere. Wie Magneten ziehen Kinder und Tiere sich an (einige wenige Ausnahmen bestätigen die Regel) – nicht immer zur Freude der

Eltern. Welches Mutterschaf hätte nicht schon entnervt aufgeblökt, wenn das Lämmchen wieder und wieder bettelte, dass es doch so gerne ein kleines Menschlein hätte, das sei so süß und glatthäutig, und überhaupt würde es das Menschlein jeden Morgen zur Krippe bringen und mittags wieder abholen. Und zweimal täglich zum Spielplatz ausführen, diese Pflicht würde niemals nicht an den Elternschafen hängen bleiben. Versprochen! Ehrlich! Während Elternschafe offenbar konsequenter dabei bleiben, dass ihnen kein Menschenkind in die Herde kommt – das wäre ja noch schöner –, knicken humanoide Eltern öfter ein. Wenn sie Glück haben, nicht nur zur kurzen Freude ihres Kindes.

Wenn sie Pech haben, schrubben sie bald allein Hamsterkäfige und veralgte Aquarien und kündigen dank des Familienhundes ihr Fitnessstudio, aber dorthin hätten sie den kleinen Kläffer sowieso nicht mitnehmen dürfen. Dabei wäre das Laufband vielleicht DIE Lösung für mehr Ruhe in der Familie gewesen: Der tapsige Terrierwelpe ist leider zu einer nimmermüden Rennmaschine herangereift, dessen Bewegungsdrang der gar nicht mehr so hundebegeisterte, da selbst herangewachsene Nachwuchs mit dem Totschlagargument ausbremst: »Kann nicht Gassi gehen, muss lernen.« Dies mag Studienergebnisse erklären, die besagen, dass Kinder mit Haustieren besser in der Schule sind. Lieber im Warmen büffeln, als mit dem Hund raus in den Regen. Aber es gibt auch Kandidaten, die mit Begeisterung noch nach Jahren ihre Bücher in die Ecke fetzen, um weitere dreihundert Mal in ihrem Leben Stöckchen für den geliebten Vierbeiner zu werfen. Eltern können sich damit trösten, dass der Nachwuchs beim Umgang mit dem Haustier zumindest die emotionale Intelligenz schult.

Kinder sind schon früh von Tieren fasziniert – und die naiven Eltern fördern das auch noch. Begeistert blättern sie gemeinsam in allerersten Bilder- oder noch besser Fühlbüchern mit aussagekräftigen Titeln wie »Mein erstes Tierbuch«, »Meine Bauernhof-Tiere« (besonders beliebt bei Großstädtern), »Süße, kuschelweiche Tierbabys, die du ebenso gut zu Hause haben könntest, wenn du deine Eltern lange genug nervst«.

Dass Tiere aber durchaus auch ein Herz für Kinder haben, zeigt sich daran, welche Liebesbekundungen der Kleinen sie ohne Murren und Knurren hinnehmen. Da darf der Zweijährige seine gesammelten Plastiktierchen auf dem riesigen Hütehund drapieren, der erst aufstehen wird, wenn die Dekoration wieder abgeräumt wurde. Da rennt die gesamte Schafherde eine Stunde lang am Koppelzaun auf und ab, weil auf der anderen Seite ebenso begeistert ein Mädchen hin und her saust – sie rennen mit dem Kind, nicht vor ihm weg (wahrscheinlich hatten die Schafe als Lämmer alle einen unerfüllten Kinderwunsch). Vielleicht sollte mal per Studie erhoben werden, wie viele Glückshormone bei Tieren dank der Interaktion mit Kindern ausgeschüttet werden.

In sozialen Medien, die in diesem Punkt ihren Namen verdienen, kursiert übrigens die Legende, dass die Hirne von Elefanten ähnlich reagieren, wenn sie einen Menschen sehen, wie die Hirne von ebendiesen Menschen, wenn sie

Hundewelpen erblicken: Die grauen Riesen finden uns süß. Ein schöner Gedanke.

Sollten sich Eltern also am besten noch vor den Kindern ein Tier anschaffen, um ein Familienleben in größerer Harmonie zu führen? Um den Kleinen Verantwortung zu vermitteln, ihr Selbstbewusstsein zu stärken, ihre Sozialkompetenz zu fördern? Wie viele Herzschmelz-Fotos gibt es allein auf Instagram, in denen Babys mit Welpen kuscheln und zehn Jahre später das gleiche traute Paar in die Kamera lächelt und hechelt. Kinder schluchzen ins Fell kleinerer und größerer Seelentröster, wenn die beste Freundin nicht mehr die beste ist oder die Schulnote so schlecht, dass sie erst mal nur ins lange Ohr des Kaninchenkumpels gewispert wird.

Tiere und Kinder können auch einfach nur Spaß miteinander haben, während die kopflastigen Erwachsenen selten Lust verspüren, stundenlang an einem Meerschweinchen-Parcours aus Pappe zu basteln. Schließlich müssen sie noch den Käfig sauber machen.

Letztlich können Eltern eigentlich auch gleich nachgeben. Denn nichts, wirklich fast nichts kommt zwischen ein Kind und seine Sehnsucht nach einem kleinen, pelzigen, haarenden Freund. Zur Not hilft nur die Zeit.

»Papa, bekomme ich ein Meerschweinchen?«
»Nein, Schatz, ich habe doch eine Tierhaarallergie!«
»Papa, wenn du tot bist, darf ich dann ein Meerschweinchen haben?« *Josefine, vier Jahre*

Dabei ist es durchaus wichtig, dass Kinder früh lernen, im Alltag Prioritäten zu setzen. Eltern sollten ihren Nachwuchs bestmöglich unterstützen und für den Lernerfolg auch bereit sein, die eigene Komfortzone zu verlassen.

> **»Kauf nicht so viel Joghurt. Kauf lieber einen Hund!«** *Johann, fünf Jahre*

So ein Tier kann immerhin helfen, die eigenen Fähigkeiten realistischer einzuschätzen sowie Wettbewerbsverzerrung zu erkennen:

> Der Sohn liefert sich ein Wettrennen mit dem Hund der Großeltern. Der Hund gewinnt um Längen. **»Ist ja klar, der hat ja auch vier Beine!«** *Vincent, vier Jahre*

Umgekehrt muss man Haustieren die persönlichen Grenzen aufzeigen – sonst denkt die Katze vielleicht noch, sie wäre Herrin im Haus. Oder der Welt.

> **»Der Muki (Kater) bekommt keine Weihnachtsgeschenke!« – »Wieso?« – »Der hat Pfoten, der kann sie nicht auspacken!«** *Jannis, zwei Jahre*

Miezekatzen bekommen ihre Präsente also gerne unverpackt überreicht – sie hüllen halb verspeiste Mäuse für ihren Menschen schließlich auch nicht in buntes Papier und ernten trotzdem laut gekreischte Jubelschreie. Immerhin lehrt das die Kinder einen durchaus pragmatischen Blick auf den Kreislauf von Leben und Tod.

Die Katze hat einen Vogel gefangen, nun liegt er tot auf der Terrasse. Mama: **»Federn und Fleisch des Vogels werden verwesen, aber seine Knochen brauchen sehr lange, bis sie zerfallen.«** Felicitas: **»Also bis zu den nächsten Ferien!«** *Felicitas, vier Jahre*

Nicht nur lebende Tiere faszinieren Kinder von jeher, auch die bereits verblichenen wecken die Forscher in ihnen:

»Du hast doch hoffentlich die tote Maus im Garten nicht angefasst?« – »Nein!!! Bloß am Faden!« *Maria, fünf Jahre*

Besonders groß sind Neugier und Ehrfurcht, wenn das Tier mit seinem Ableben offenbar etwas selbstlos Gutes für die Allgemeinheit geleistet hat:

Die Mutter geht mit ihrer Tochter Runa die Straße entlang und sagt: **»Wir gehen dort am Zebrastreifen über die Straße.«** Runa wirkt nachdenklich und sagt: **»Dort hat ein Zebra geplatzt und einfach so hingestreift.«** *Runa, fast drei Jahre*

Dank Filmen, Comics und Bilderbüchern sind Tiere sogar in tierfreien Haushalten dauerpräsent. Manches Kind erarbeitet sich dadurch erstaunliches Wissen.

»Affen, die sprechen können, heißen Menschen.«
Antonia, vier Jahre

Gewisse Unsicherheiten gibt es gelegentlich bei der korrekten Bezeichnung dessen, was gerade durchs Blickfeld kreucht und fleucht.

Der Dreijährige sieht vom Auto aus einen Schwarm großer Vögel: **»Guck mal, guck mal, die Reihern!«** Der große Bruder: **»Das heißt nicht Reihern, das heißt Vögeln!«** *Lenny, drei Jahre, und Matz, vier Jahre*

Wie auch immer: Hauptsache mit Federn. Die betreffenden Tiere neigen normalerweise dazu, sich schon kurz nach Sonnenaufgang mit ihrem Gesang bemerkbar zu machen. Doch es gibt Ausnahmen, zumindest einmal in der Woche.

Oma: **»Lass uns draußen nachschauen, ob die Vögel im Nest schon aufgestanden sind.«** Dort rührt sich nichts. Paul: **»Heute ist Sonntag, da können sie länger schlafen!«** *Paul, fünf Jahre*

Sind sie endlich wach, muss der hungrige Nachwuchs versorgt werden. Der Fachsprache fehlt es allerdings an Genderbewusstsein. Wie gut, dass wenigstens die junge Generation darauf achtet.

Lotte fragt, warum die Vögel ständig ins Vogelhaus fliegen. Mutter: **»Die füttern ihre Jungen.«** Lotte: **»... und ihre Mädchen.«** *Lotte, drei Jahre*

Auch in der freien Wildbahn gibt es eben den kleinen Unterschied. Wann dieses wissbegierige Kind allerdings gar so genau hingeschaut hat und wie nah es den Studienobjekten dabei gekommen ist, mag man sich gar nicht vorstellen. Geschweige denn nachfragen.

»Mami, weißt du, was der Unterschied zwischen einer Kuh und einem Wasserbüffel ist? Kühe haben eine Melkerei (gemeint ist das Euter) **und Wasserbüffel nicht.«** *Henri, drei Jahre*

Und manche tierische Fähigkeit macht einfach nur neidisch – und hungrig.

»Mama, ich wünschte, ich wär ein Schmetterling, dann könnte ich mich in ein Croissant reindrücken.« (Gemeint war der Kokon.) *Ava, vier Jahre*

Nicht alle Bücher, in denen Tiere die Hauptrolle spielen, vergrößern allerdings die wissenschaftlichen Kenntnisse – wahrscheinlich hat auch Franz Marc als Kind nicht nur in Darwins naturgetreuen Skizzen geblättert. Wie wäre der Maler sonst später auf die Idee mit den blauen Pferden und der roten Kuh gekommen? Zudem neigen kleine und große

Leser dazu, ihren liebsten Helden allerlei Eigenschaften anzudichten. Doch ob dieses Detail im Sinne des Erfinders war?

> Beim Lesen des Buchs über den Elefanten Elmar mit den kunterbunten Karos stellt Mia fest: **»Elmar ist nicht gestreift, sondern … kastriert!«** *Mia, fünf Jahre*

Apropos gestreift: Dass die bekannteste aller Honigsucherinnen einen treuen Freund hat, ist bekannt. Nun aber wurde enthüllt: Sie hat auch Familie.

> Die Tochter sieht zum ersten Mal eine Hummel: **»Schau mal, das ist der Opa von Biene Maja.«** *Renée, vier Jahre*

Nicht nur das Aussehen zählt für Kinder, auch die inneren Werte – oder zumindest das, was von tief drinnen kommt: die Tierlaute.

> **»Wie macht der Hund?« – »Der bellt!« – »Wie macht die Katze?« – »Die miaut.«** Pause. **»Und die Mücke mückt. Und die Schildkröte krötet, gell, Mama?«** *Lili, vier Jahre*

Dank einer frühzeitigen Schulung durch die Eltern vermag das naturinteressierte Kind bald nicht nur Fährten, sondern auch andere Hinterlassenschaften korrekt zuzuordnen.

»Schau mal: eine Feder. Die ist bestimmt von der Federmaus.« *Leo, drei Jahre*

Eine gewichtige Frage allerdings wäre noch zu klären:

Jonas isst ein Honigbrot und fragt: **»Mama, wie kriegen die Bienen den Deckel** (vom Honigglas) **zu?«** *Jonas, vier Jahre*

Bei anderen Verrichtungen brauchen Tiere aber eindeutig menschliche Hilfe. Hoffentlich denkt der Friseur vor dem Termin im Tiergehege daran, die Heckenschere einzupacken.

Balduin zu einer sehr zotteligen Heidschnucke: **»Bald kommt der Friseur, Schaf!«** *Balduin, zwei Jahre*

Wie wichtig eine ausgewogene, abwechslungsreiche Ernährung ist, wissen schon die kleinsten Landratten. Schafe hingegen nicht:

»Schafe, die nur Müsli fressen, werden schneller seekrank.« *Benjamin, vier Jahre*

Unvergesslich bleiben Begegnungen von Mensch und Tier in freier Wildbahn – wenn sie denn stattfinden:

Der Sohn war mit dem Kindergarten an der Isar. Mit Lupengläsern wurde das Wasser untersucht. Er erklärt:

»Mit diesen Lupengläsern haben wir geschaut, ob wir was gefangen haben. Ich habe leider nix gefangen. Auch keinen Hai.« *Jan-Eric, vier Jahre*

Kleinere Wildtiere sind leichter zu erhaschen. Ihnen neue Fertigkeiten beizubringen, mag gut gemeint sein – nicht immer ist die Lektion allerdings tiergerecht gewählt.

Der Sohn ist mit einem Eimer voll Wasser beschäftigt. Papa fragt: **»Was machst du da?« – »Ich bringe Ameisen das Schwimmen bei. Heute lernen sie ertrinken.«** *Fabian, fünf Jahre*

Wirklich erstaunlich, was man heutzutage einfach online nachbestellen kann (sogar Ameisen – nur Haie nicht). Ebenso erstaunlich, zu welcher Kreativität die Auslieferer beim Verstecken der Pakete fähig sind. Wobei es bei manchen vielleicht gut ist, wenn der Inhalt nicht einfach so ans Licht gezerrt wird.

Ein Lieferwagen mit Dinosaurieraufdruck fährt vorbei: **»Der bringt jetzt neue Dinosaurier, weil die anderen ja ausgestorben sind.«** *Julius, drei Jahre*

Tatsächlich soll es Kinder geben, denen gar nicht so sehr der Sinn nach Tieren steht. Jedenfalls nicht nach grotesken Monstervögeln, die sich mit pickbereitem Schnabel anschleichen.

Im Streichelzoo nähert sich ein Pfau: **»Hilfe, Hilfe, ein Notfall!«** *Jonah, zwei Jahre*

Harmonischer wäre diese Erstbegegnung abgelaufen, hätte sich das Federvieh so angestrengt wie folgender Artgenosse – *Pavo cristatus* hat schließlich enorme Schauwerte:

Nico sieht seinen ersten, noch dazu Rad schlagenden Pfau: **»Der macht wohl Fasching.«** *Nico, zwei Jahre*

Auch die Akustik lässt manchmal zu wünschen übrig. An so vieles hat Mutter Natur gedacht – nur den Ausschaltknopf hat sie vergessen.

Entsetzte Reaktion auf zirpende Grillen: **»Mach das aus, bitte mach das aus.«** *Caspar, drei Jahre*

Trotz des nicht immer zu regulierenden Lärmpegels wollen viele Eltern ihrem Nachwuchs zwar die Wunder der Natur nahebringen, schludern aber bei der Vorbereitung. Dabei weiß doch eigentlich jeder, dass Schweine pfeifen und Meisen spinnen.

»Schau, das ist eine Kohlmeise.« Jacob: **»Nein! Keine coole Meise!!«** *Jacob, drei Jahre*

Doch der Anblick reiner Naturfreuden kann in seiner Direktheit auf Stadtkinder verstörend wirken. Ja, zieht jetzt endlich einer dem Köter eine Hose über?

»Mama, schau mal, der Hund zeigt seinen Penis. Schämt der sich nicht?!« *Michael, sieben Jahre*

Mit einem Vierbeiner aus der Stofftier-Abteilung wäre das nicht passiert.

Nora bekommt ein Plüschtier und soll ihm einen Namen geben. Nora: **»Brauche ich nicht, es hat schon einen, da ist ein Zettel mit seinem Namen dran.« – »Wie heißt es denn?« – »Polyester.«** *Nora, sieben Jahre*

Extra: Wie Haustiere zum Wohlbefinden beitragen – oder auch nicht

Schnuffige Fellnasen, die in die Armbeuge stupsen. Vor Wiedersehensfreude wild wedelnde Puschel mit treu blickendem Hund vorne dran. Was könnte es Schöneres geben! Mit Haustieren ist es wie mit Kindern: Sie sind das wahre Glück. Meistens. Manche auch nur manchmal. Weniger schön ist es, wenn der blasenschwache Dackel trotz Dauerregen nach draußen drängt und der Kater seine Krallen unübersehbar in das neue Sofa schlägt. Oder gleichen Treue, Wärme und Nähe eines tierischen Hausgenossen solche Ärgernisse aus?

Welchen Einfluss Haustiere tatsächlich auf das Wohlbefinden ihrer Besitzer haben, wollten die beiden Psychologinnen Maike Luhmann und Anna Kalitzki wissen. Dafür befragten sie 631 Probanden, die Dosen- und Hafersacköffner für Hunde, Katzen oder Pferde sind. Solche Tiere begleiten einen Menschen oft über viele Jahre, da bleibt eine Beziehung nicht aus, selbst wenn sie sich bei einigen Katzen aus Menschensicht eher einseitig darstellt. Die Forscherinnen stellten Fragen zu Lebenszufriedenheit und Stimmung (der Menschen) sowie zu Vor- und Nachteilen des jeweiligen vierbeinigen Gefährten.

Besonders gut ging es denjenigen, die in der Tierhaltung eine wichtige Aufgabe in ihrem Leben sehen, sie als – so die Formulierung der Forscherinnen – »soziale Rolle« betrachten. Dann gibt das Tier dem Menschen das gute Gefühl der Autonomie, obwohl das paradox klingt im Zusammenhang mit einem Wesen, das dreimal täglich vor die Tür geführt werden muss oder mehrmals in der Woche viel Arbeit im Stall erfordert. Doch gerade Pferde tragen für ihre Besitzerinnen und Besitzer zur Lebenssinnstiftung bei. Bei Katzen ist das weniger der Fall, so die Forscherinnen – dafür haben Samtpfoten den nicht unerheblichen Vorteil, dass sie die Beziehung zwischen ihrem Frauchen und ihrem Herrchen am wenigsten belasten.

Doch ein Tier ist kein Glücksgarant, sondern kann das Wohlbefinden seines Menschen sogar ins Negative drehen. Hohe Kosten oder ein schwieriger Umgang mit dem Hausgenossen machten die Wissenschaftlerinnen als mögliche Ursachen aus. Und sie stellten auch fest: Eine besonders starke persönliche Bindung ans Tier macht das Leben nicht unbedingt leichter – im Gegenteil. Wer wegen des Haustiers keine Zeit mehr für soziale Kontakte hat, ist tendenziell umso unzufriedener, je enger er sich an das Tier gebunden fühlt.

Positive und negative Einflüsse halten sich also ungefähr die Waage, resümieren die Forscherinnen. »In mancher Hinsicht kann man Haustiere durchaus mit Kindern vergleichen«, findet Maike Luhmann: Sie könnten eine Quelle purer Freude sein und einem das Gefühl geben, gebraucht und geliebt zu werden. Aber gleichzeitig sind sie manchmal auch einfach nur anstrengend.

5.

Gesundheitsfragen (die vielleicht noch nie jemand zuvor gestellt hat)

Es gibt zwei Arten von (gesunden) Menschen, die sich intensiv mit dem Zustand ihres Körpers beschäftigen, seine Reaktionen studieren und um sein Wohlergehen höchst besorgt sind: Kinder und Hypochonder. Der Spezialfall sind hypochondrische Kinder, die aber meist etwas anderes im Sinn haben als den nächsten Arztbesuch, nämlich eher Kita- oder Schule-Schwänzen, eine Trost-Schokolade oder das Herauszögern der Bettzeit. Mit liebevoller Konsequenz oder spontanem Einknicken ist das alles lösbar, je nach aktuellem Energielevel bei den Eltern.

Im Normalfall gehört der eigene Körper aber zu der Welt, die Kinder erst entdecken müssen. Manche Regionen erkunden sie am besten in äußerst jungen Jahren, solange die Beweglichkeit es zulässt, einen Geschmackstest am großen Zeh zu machen. Am eigenen, versteht sich. Und keinem Kind muss man erst sagen: Geh an deine Grenzen! Es wird immer probieren, wie weit es springen kann und ob es nicht noch ein wenig weiter geht. Wie es auf einen Baum oder aufs Klettergerüst kommt. Die Grenzen zeigen sich ganz woanders: beim ersten aufgeschürften Knie oder blutenden Finger.

Die bitteren Tränen, die darüber vergossen werden, das ehrliche Entsetzen rührt von der Erkenntnis: Ich bin nicht unverwundbar (sehr schade). Gut, dass Eltern Mittel und Wege kennen, das kleine Leid zu mindern (sehr schön). Pusten hilft immer, gerne auf den Kopf, selbst wenn der Fuß wehtut. Wer singen kann, ohne weiteren Schmerz zu verursachen, stimmt ein Trostliedchen an. Weniger Begabte kleben Pflaster, bis das Kind einer Mumie ähnelt. Hauptsache, es ist wieder glücklich.

Zu Risiken und Nebenwirkungen fragen Sie am besten Ihre Kinder

Die wirksamste Kur ist, gar nicht erst krank zu werden. Leider sind manche Rezepte zwar simpel, deswegen aber nicht einfacher zu befolgen.

> Feststellung am Morgen: **»Mehr müde, mehr schlafen.«** *Julian, ein Jahr (inzwischen zehn Jahre alt, an seiner Einstellung zum frühen Aufstehen am Morgen hat sich nichts geändert)*

Andere Schlawiner nutzen unbeobachtete Augenblicke, um Hygieneregeln zu brechen. Und dann sind sie auch noch stolz drauf.

> **»Ich hab vorhin im Wohnzimmer heimlich nicht in meinen Arm geniest.«** *Ben, drei Jahre*

Wer sich selbst nichts Gutes tun will, sollte wenigstens andere nicht gefährden. Und schon gar nicht die Natur.

> **»Rauch lieber im Haus. Wenn du im Garten rauchst, schadest du der Umwelt!«**
> *Mira, sechs Jahre*

Zum Glück kennen Viren, ob mit oder ohne Corona, ihre

(Alters-)Grenzen besser. Hoffentlich halten wenigstens sie sich dran.

Lucia ist fünf, ihr großer Bruder Leo sieben Jahre alt: Er muss wegen der Corona-Regeln im Laden einen Mundschutz tragen, sie nicht. Lucia wundert sich: **»Mama, woher wissen die Viren, wie alt ich bin?«** *Lucia Valentina, fünf Jahre*

Sollte eine Bakterie oder ein Virus die Abstandsregeln mal nicht befolgen, ist das zumindest während der Mahlzeiten kein Problem. Da lassen sie sich leicht abschütteln.

»Mama, wenn eine Bakterie von der Gabel fällt, ist die dann tot?« *Ben, fünf Jahre*

Übrigens trägt es wesentlich zur besseren Alltagsplanung bei, wenn man nicht nur merkt, dass man krank wird – sondern auch noch weiß, wann.

»Morgen kann ich nicht in den Kindergarten gehen. Da hab' ich Bauchweh.« *Linn, fünf Jahre*

Stellen sich tatsächlich körperliche Gebrechen ein, ist Fachpersonal gefragt.

Oma: **»Schlecht hören kann der Opa gut.« – »Dann muss Opa mal zum Hörenarzt.«** *Henrik, vier Jahre*

Gut, wenn Patienten genau benennen können, was mit ihnen nicht stimmt.

»Ich kann nicht mehr laufen, ich habe Bauchweh. Weißt du, das ist Migräne!« *Ronja, vier Jahre*

Wer schnell gesund werden will, sollte sich mit den Grundlagen der Anatomie auskennen.

»Mein Blut ist weiß. Ich selbst bin blau. Meine Nieren sind aus Honig.« *Jan-Eric, vier Jahre*

Experten wissen zudem um die anatomischen Unterschiede in den verschiedenen Altersgruppen.

»Wenn Kinder Milchzähne haben, dann haben Erwachsene Kaffeezähne.« *Thea, drei Jahre*

Während Kinder in vieles noch reinwachsen müssen, wachsen ältere Semester aus manchem wieder heraus.

»Oma, warum hast du so viel Haut um die Augen?« *Noelani, vier Jahre*

Mit dem Alter lässt sich einiges erklären. Aber nicht alles.

»Komisch, der Papa ist älter, und trotzdem hängt bei Mama die Hängematte weiter nach unten.« *Valentin, vier Jahre*

Andere Zusammenhänge sind zwar bemerkenswert, bringen aber aus medizinischer Sicht wenig Erkenntnisgewinn.

»Lustig, Fahrräder haben eine Achse, und wir haben Achseln!« *Valentin, vier Jahre*

Durchaus Sinn macht der Vergleich mit Zecken, einem der nutzlosesten Exemplare der Tierwelt und auf der Beliebtheitsskala ähnlich abgeschlagen wie Krätze, Tuberkulose oder Steuererklärungen.

»Corona ist wie eine Zecke: Man sieht sie nicht, und wenn man sie bekommt, wird man krank.« *Janne, zwölf Jahre*

Es muss kein Pandemie-Virus sein, der überstanden wurde – es reicht ein normaler Infekt, nach dem manche zum Schnupfen-Latein neigen (eng verwandt mit Jäger- und Angler-Latein). Was sollen da die Dinosaurier sagen (könnten sie noch mitreden)?

»Einmal hatte ich sooo hohes Fieber, da war ich vom Aussterben bedroht.« *Senta, fünf Jahre*

Zur Familien-Ausstattung gehören Hilfsmittel, die zur Gesundung beitragen. Bei Unsicherheiten zur Dauer der Anwendung wenden Sie sich an den Arzt oder Apotheker Ihres Vertrauens. Oder schauen einfach selbst nach.

»Das Pflaster muss drauf bleiben, bis die Wunde nicht mehr rot ist!« – »Wird sie dann grün?«
Aron, drei Jahre

Medizin könnte ebenfalls zur baldigen Wiederherstellung beitragen, wenn man denn rankäme. Gut, dass Kinder ihren Eltern in Technikfragen weit voraus sind.

Papa will die Medizinflasche öffnen. **»Da musst du zuerst runterdrücken, das ist eine Kindersicherung.«** *Marc, sechs Jahre*

Immerhin gibt es Methoden, um gar nicht erst zu erkranken. Leider tun sie weh. Obwohl ein Indianer angeblich keinen Schmerz kennt, muss er diese Widrigkeit des Lebens nicht unkommentiert hinnehmen.

Bei der Impfung verzieht der kleine Patient keine Miene, anschließend allerdings schaut er den Arzt durchdringend an: **»Das hat mir gar nicht gefallen!«**
Joan Pares, vier Jahre

Zum Glück gibt es simple Möglichkeiten, um plötzlich auftretende Schmerzen zu lindern (wenn auch nicht nachhaltig).

»Mein Bein tut weh.« – »Soll ich pusten?« – »Nein, mein Bein braucht einen Pfirsich, es tut vor Hunger weh.« *Leopold, drei Jahre, in diesem Moment noch nicht bereit zum Einschlafen*

Sollte Obst versagen – Schokolade hilft immer.

Jan-Eric fiebert stark und schläft nachmittags stundenlang. Als er abends aufwacht, ist er etwas verwirrt. Nachdem ihm die Lage erklärt wurde, grinst er breit: **»Ah, dann bin ich also krank. Kranke Kinder dürfen ja mehr als nicht-kranke Kinder. Zum Beispiel essen. Ich würde dann jetzt also ein Nutellabrot nehmen.«** *Jan-Eric, sechs Jahre*

Wobei … vielleicht wäre in diesem Fall eine ganzheitliche Anwendung angebrachter:

»Mir tut der ganze Daniel weh.« *Daniel, vier Jahre, fühlt sich krank*

Und ab einer gewissen Dosis sollte man bei der Kur auf zuckerarme Schokolade umsteigen. Sonst gibt es Ärger.

Ava lauscht einer hitzigen politischen Diskussion zwischen ihrem Vater (47) und ihrem Cousin (24), bei der Letzterer mitunter lautstark flucht. Sie kommentiert: **»Ich glaube, der hat zu viel Zucker gegessen.«** *Ava, vier Jahre*

Andere Folgen von übermäßigem Süßwarenkonsum scheinen hingegen sogar verlockend. Da heißt es für Erwachsene, die Zähne zusammenzubeißen – und in manchen Fällen besser den Mund zu halten.

Die Tante zeigt den Kindern einen Goldzahn, den der Zahnarzt gegen eine Keramikkrone ausgetauscht hat, und erklärt ihnen, dass Süßigkeiten die Zähne kaputt machen. Charly ist optimistisch: **»Vielleicht wächst mir dann ja auch mal ein Goldzahn!«** *Charly, fünf Jahre*

Weitere, nicht so leicht zu versteckende Hilfsmittel vermitteln bisweilen einen völlig falschen Eindruck.

»Mama, die Simone ist blind, die hat 'ne Brille auf.« *Patrick, drei Jahre*

Trotz ihres jungen Alters sind einige Kinder auf dem Gebiet der Körperkunde überraschend bewandert – nicht nur in der Humanmedizin:

Michael erklärt der Oma, was eine Hüftgelenksdysplasie beim Hund bedeutet: **»Da passt der Knochen nicht in die Bratpfanne!«** *Michael, sechs Jahre*

Andere hingegen stehen staunend vor dem Wunder des Wachstums. Wo soll das alles nur enden? An der Zimmerdecke?

Die Oma stellt fest, dass ihr Enkelsohn wieder gewachsen ist. Der schaut sich seine Arme und Beine ausgiebig an: **»Ich weiß ja auch nicht, Oma. Das hört einfach nicht auf!«** *Levi, vier Jahre*

Das Diktat rigider Schönheitsideale hat es noch nicht geschafft, die Vorfreude auf körperliche Veränderungen zu trüben.

»Schau, wie groß meine Busen schon sind! Die wachsen noch und werden lang, und dann gehen sie bis zum Bauch.« *Isabella, fünf Jahre*

Extra: Warum kleine Kinder so oft krank sind – und was Eltern tun können

Nichts teilen Kita-Kinder so bereitwillig wie Viren und Bakterien. Am liebsten würden Eltern gleich wieder kehrtmachen, wenn an der Tür der Betreuungseinrichtung schon wieder der Zettel des Grauens mit der Botschaft »Wir haben Scharlach, Bindehautentzündung und Magen-Darm« hängt, garniert mit lustigen Zeichnungen von grinsenden Fieberthermometern und rot gepunkteten Kindergesichtern, was die Sache nicht besser macht. Aber es hilft ja nichts: Wenn die eigenen Kinder bei dieser Runde im Infektions-Pingpong nicht dabei sind, dann bei der nächsten. Es gibt kein Entkommen. Und das ist, wenn man das große Ganze betrachtet, auch noch gut so.

Acht bis zwölf fiebrige Infekte pro Jahr gelten bei Babys und Kleinkindern nach Angaben des Berufsverbands der Kinder- und Jugendärzte als normal. Klingt erst einmal nach gar nicht so viel, aber wenn man jedes Mal eine Woche mit Symptomen rechnet, ist das zusammengenommen ein knappes Vierteljahr Krankheitszeit. Meist sind es Erkältungen mit Husten, Schnupfen, Ohrenschmerzen, dazwischen ab und an ein Durchfall oder zur Abwechslung auch mal was Exotisches mit klingendem Namen wie Drei-Tage-Fieber oder Hand-Mund-Fuß-Krankheit.

Für die Eltern ist das Stress pur, der eine noch anstrengendere Jonglage als sonst erfordert, gilt es neben Job und Familie nun zusätzlich die Krankenpflege zu bewältigen. Für den Kinderkörper aber – so gern man ihm Ohrenweh, Atemnot und Fieberträume ersparen würde – ist es ein notwendiges Lernprogramm fürs Immunsystem. Das nämlich ist zunächst ein weitgehend unbeschriebenes Blatt, abgesehen von einem kurzen Nestschutz durch die Abwehrkräfte, die von der Mutter aufs Neugeborene übergehen. Um sich gegen Krankheitserreger wehren zu können, muss der Organismus erst einmal ein paar von ihnen kennenlernen. Besonders ausgiebig tut er das meistens im ersten Kita-Jahr: Wann hat man schon mal so eine schöne Auswahl aus der großen, bunten Viren- und Bakterienwelt direkt in Hust- und Schniefweite?

Die gute Nachricht: Die typischen Infekte sind lästig, aber harmlos. Oft genügen bewährte Hausmittel wie Hühnerbrühe, Tee, Wadenwickel, Ruhe und viel Kuscheln. Die schlechte Nachricht: Großartig beschleunigen lässt sich der Heilungsprozess nicht. Und Vorbeugen ist nur begrenzt möglich. Viel frische Luft ist immer gut, aber so ganz wird keine Familie um die lästigen Erkältungswinter herumkommen. Eltern, die dennoch nicht ganz tatenlos bleiben wollen, schauen am besten auf die eigene Gesundheit: Ihr Immunsystem mag zwar über die Jahre schon ganz gut trainiert sein, mit den fiesen Mitbringseln aus der Kita war es aber – vor allem wenn es das erste Kind ist – schon länger nicht mehr konfrontiert. Dann brauchen Mütter und Väter alle Abwehrkräfte, die sie mobilisieren können. Das gelingt besser mit einem einigermaßen gesunden Lebensstil und so viel Schlaf, wie Eltern bekommen können.

Vom Zähneputzen, Händewaschen und sonstigen zeitraubenden Verrichtungen im Bad

So wie Gott oder wer auch immer uns schuf, sind wir alle gleich? Nicht ganz: Die Welt ist ungerecht, gerade im Bad treten kleine Unterschiede zutage.

»Warum benutzen Männer eigentlich nicht die Stöpsel?« – »Welche Stöpsel?« – »Na die, die ihr Mädchen immer benutzt. Die auf dem Klo liegen.«
Jonas, sechs Jahre

Immerhin gelten bestimmte Grundsätze einer anständigen Körperhygiene für beide Geschlechter. Jederzeit. Ausreden werden nicht akzeptiert, denn wer will schon den rettenden Feuerwehrleuten zum Dank eine ungewaschene Hand entgegenstrecken?

Justus berichtet lautstark in der Straßenbahn, dass in der Kita das Verhalten bei Feueralarm geübt wurde. Plötzlich wird er nachdenklich und fragt: **»Was ist, wenn ich mal Pipi muss und es dann brennt?«** Dann könne er natürlich die Toilette sofort verlassen. Justus brüllt entrüstet: **»Ohne Händewaschen? Igitt!«** *Justus, vier Jahre*

Andere denken weniger an gesellschaftliche Konventionen. Schließlich sind sie Umweltschützer.

»Ich wasche nicht die Hände. Das ist Wasserverschwendung.« *Lars, zwei Jahre*

Dabei hilft das kleine Einmaleins der gesunderhaltenden Körperpflege in jeder Lebenslage weiter. Selbst bei Mathe.

Jill ist schon etwas genervt davon, die Grundschul-Textaufgaben zu bearbeiten (Text lesen, Frage formulieren, Rechnung und Antwort hinschreiben). Sie liest: **»Tom hat neun Gummibärchen und isst vier davon.«** Was nun also die Frage sei? **»Ob er sich die Zähne geputzt hat!«** *Jill, sechs Jahre*

Wobei mancher Versuch, Kindern den Wert richtig geputzter Beißwerkzeuge nahezubringen, von Anfang an zum Scheitern verurteilt ist.

Beim Zahnarzt reicht die Helferin Julius eine Zahnbürste und ein Gebiss aus Gips: **»Zeig mal, wie putzt du das zu Hause?« – »Gar nicht. Zu Hause hab ich kein solches Gebiss.«** *Julius, sechs Jahre*

Aber alle sind sich einig, dass die Utensilien zur Zahnpflege nicht nur sauber, sondern rein zu halten sind.

Nach dem Zähneputzen soll Jacob seine Zahnbürste kurz abspülen. Stolz kommt er zurück und meint: **»Mit Seife!«** *Jacob, drei Jahre*

Hier bleibt die Frage: Wird er beim nächsten Zähneputzen zweimal »Happy Birthday« nuscheln, trotz Seifenblasenbildung? Oder doch nur einmal? Dann wird es nichts mit der 30-Sekunden-schrubben-dann-ist-alles-sauber-Regel. Oder galt die nur für Hände und im Mund herrscht die Zähle-bis-fünf-pro-Zahn-Vorgabe? Erstaunlich, wie sehr Zahlen und Fristen selbst das Dasein im Bad bestimmen.

Der Kleine sitzt auf der Toilette. **»Kacka.«** Es dauert. Ob er fertig sei? **»Moment – ich muss es erst ausrechnen!«** *Jan-Eric, drei Jahre*

Schneller wäre das Geschäft vermutlich auf diesem stillen

Örtchen erledigt gewesen. Denn die Strohhalme auf der Brille pieksen doch ziemlich.

Auf dem Feld steht ein Dixi-Klo. **»Mama, ein Dinkelklo!«** *Jannis, drei Jahre*

Letztlich bestimmt die Körperpflege jeden Bereich unseres Lebens. Sogar im Disney-Universum.

Christopher über den Film *König der Löwen:* **»Am besten waren die Hygienen.«** *Christopher, zwölf Jahre*

Pups-Spezial (beim Lesen bitte die Nase zuhalten)

Nicht jeder Zeitgenosse legt ausreichend Wert auf Hygiene – und nicht bei jedem weckt der Duft gut gefüllter Windeln negative Assoziationen.

Leo auf dem Wickeltisch mit voller Windel: **»Riechst du es schon?«** Mama: **»Ja, du auch?« – »Ja.« – »Und? Wie riecht's?« – »Nach Skiurlaub.«** *Leo, zwei Jahre*

Tatsächlich lassen sich mit Kategorien der flatulierenden Art sogar Familienkonstellationen für (fast) jeden verständlich darlegen.

»Mama ist die Chefin und Papa die Pupskanone!«
Isalie, drei Jahre

Die Herzen gewinnt, wer bei der Zubereitung von Speisen entsprechende Aromen vermeidet.

»Papa, jetzt hab ich dich noch viel mehr lieb. Das Ei schmeckt heute irgendwie gar nicht nach Pups.«
Leni, drei Jahre

Doch es gibt auch Junggourmets, die gerade an solchen olfaktorischen Eigenheiten ihre helle Freude haben.

Morgens in der Küche entfleucht Mama ein leiser Pups. **»Oh, Mama, toll, gibt es Ei?«** *Ronja, fünf Jahre*

Selbst beim Einkauf ist es nicht leicht, aus den Duftspuren die richtigen Schlüsse zu ziehen.

Senta spielt Kaufladen, Papa ist der Kunde. Er schnuppert: **»Mmmmh, das riecht aber gut hier! Haben Sie frische Brezen gebacken?«** Senta: **»Nein, ich habe gepupst!«** *Senta, vier Jahre*

Zum Glück für die einen (Empfänger), zum Bedauern der anderen (Sender) endet irgendwann die Zeit, in der Körpergase ungeniert und ungerügt herausgepresst werden. Es wird zwar immer noch gepupst und gerülpst, was das Zeug hält – aber nun will es keiner mehr gewesen sein.

Johann pupst knatternd und lautstark mit angehobener Pobacke beim gemeinsamen Frühstück. Auf die fragenden Blicke der Eltern erwidert er mit Blick in den Himmel: **»Oh, hört mal, da war ein Hubschrauber!«** *Johann, zwei Jahre*

Die Suche nach anderen Schuldigen wird aber schnell lästig. Und überhaupt, wer sagt denn, dass gesellschaftliche Konventionen auch zu Hause auf dem Sofa gelten müssen?

Nichte Zoé bei einem gemütlichen TV-Nachmittag: **»Tante? Pupsen ist nicht schön, oder? Aber kann man schon mal machen!«** *Zoé, drei Jahre*

Entspannter lebt es sich, wenn Eltern von ihren Kindern lernen, ihren Körper so zu akzeptieren, wie er ist.

Sven lässt beim Essen ein zartes, aber hörbares Lüftchen entweichen. Papa weist ihn darauf hin, dass sich so etwas nicht gehöre. **»Aber Papa, das war doch nur ein Popohatschi!«** *Sven, vier Jahre*

Eine Frage können aber selbst die naseweisesten Experten nicht beantworten:

»Ein Biberfurz muss doch eigentlich nach Holz riechen?!?« *Jari, fünf Jahre*

6.

Kulinarische Kuriositäten

Sie könnte so schön sein, die gemeinsame Mahlzeit morgens, mittags und abends. Leider steht der Satz im Konjunktiv. Denn eine Voraussetzung für ein harmonisches Familienessen ist, dass die Mitglieder zeitgleich am Tisch sitzen. Oder überhaupt.

Während die Kleinen gerade die erste Kakaotasse umstoßen, ist aber ein Elternteil oft längst aus dem Haus geeilt. Nicht um sich vor dem Aufwischen zu drücken, sondern weil die Kita-Öffnungsstunden selten mit Bürozeiten harmonieren. Und weil nur, wer früh am Schreibtisch sitzt, auch früh wieder gehen kann, um die Kinder abzuholen. Das Mittagessen im trauten Familienkreis fällt von Montag bis Freitag daher schon mal aus – die einen speisen im Kollegen-, die anderen im Stuhlkreis. Ohne Überstunden bleibt nur das gemeinsame Abendessen, sobald die Kleinen nicht mehr schon um 18 Uhr schlafen gehen. Nach dem Tagwerk ist endlich Zeit, sich gegenseitig von den kleinen und größeren Abenteuern des Alltags, von Ärgernissen und Erfolgserlebnissen zu berichten, gemeinsam zu scherzen und zu lachen und sich an den köstlichen Gerichten oder wenigstens an der Brotzeit zu laben.

Soweit die Theorie.

Diese könnte Wirklichkeit werden, wenn nicht alle in der Familie abends am Ende ihrer Kräfte und leider auch Geduld wären. Manchmal gelingen sie zwar, die Werbefamilien-Momente, in denen fröhlich durcheinandergeplappert wird, ohne andere zu unterbrechen. In denen jeder dem anderen die Schüssel weiterreicht, ohne darauf zu bestehen, selbst das beste Stück zu nehmen. In denen zwar gekichert wird, aber nicht hysterisch kreischend gelacht am Rande des Übermüdungszusammenbruchs (nervenzerrend für Eltern, die das gar nicht komisch finden). Und vor allem Momente, in denen jeder das isst, was auf den Teller kommt. Ohne zu meckern.

Dass die Geschmäcker eben unterschiedlich sind, muss als Erster ein resignierter Koch ausgerufen haben, um fortan nur noch Einheitsbrei zu kochen – zu würzen nach Belieben. Denn in Familien kann man es selten allen recht machen. Es soll zwar Kleinkinder geben, die begeistert sind von jeder neuen Geschmacksrichtung, die ihnen die Eltern aufzeigen. Ganz sicher gibt es aber die Essensdogmatiker, die sich nur von Nudeln mit-ohne-Soße ernähren. Ist mehr Kindsvolk anwesend, wissen Köche eines mit Sicherheit: Was von Kind 1 mit Begeisterung verschlungen wird, schiebt Kind 2 angeekelt an den Tellerrand. Geschwister-Profis tauschen dann einfach die Teller, sodass das eine Fleisch mit Fleisch und das andere Kartoffeln mit Kartoffeln isst. Hauptsache satt.

Blöd nur, wenn Eltern keine Lust mehr auf das Einerlei haben und – sagen wir am Wochenende – stundenlang in der Küche stehen. Und dann wird ihr Werk am Tisch naserümpfend in Empfang genommen (»Das stinkt, das Essen!«), werden die Spaghetti stundenlang freigeschabt (»Ich mag das grüne Zeug nicht.« – »Das sind Kräuter.« – »Aber nicht auf meinen Nudeln!«) oder die Nahrungsaufnahme wird ganz eingestellt (»Ich will Pizza!«). Unter diesen erschwerten Bedingungen die Kurve zum harmonischen Familienessen hinzubekommen, gelingt nur Menschen, die mit sich und dem Universum im Reinen sind.

So etwas sollte sich niemand im Unterzucker antun. Kleiner Tipp: Der heimliche Schokoriegel vor dem Kochen. Nur erwischen lassen sollten sich Eltern dabei nicht.

Von Eltern gefürchtet: schonungslose Gastrokritiker und Nahrungs-Separatisten

Kein Küchenlatein, sondern die schwer zu verdauende Wahrheit: Selbst die ambitioniertesten Hobbyköche unter den Eltern müssen irgendwann einsehen – den Kindern können sie es nie recht machen. Nie!

»Ich mag nur das Weiße vom Rührei!« *Carla, drei Jahre*

Und immer diese ewigen Vergleiche. Gewinnaussichten: null. Schließlich weiß jeder, dass es bei Oma am besten schmeckt. Ein Familien-Traditions-Rezept kann zwar nachgekocht werden, doch das Original bleibt unerreicht. Schließlich fehlt die entscheidende Zutat: der verklärende Geschmack der Kindheitserinnerung.

»Bei Oma schmeckt's mich güter.« *Moritz, vier Jahre*

Wobei, manchmal ist der Nachwuchs durch einfaches Weglassen dann doch zufriedenzustellen.

Leopold inspiziert zufrieden seinen Cheeseburger: **»Na endlich, ein Burger ohne Grün!«** *Leopold, vier Jahre*

Aber der Rückschlag, sobald man den Fast-Food-Anbieter seiner Wahl verlassen hat, lässt nicht auf sich warten. Selbst nichts ist nicht immer gut genug.

> Linus: **»Ich mag den Käse nicht!« – »Warum?«- »Mir schmecken die Löcher nicht!«** *Linus, drei Jahre*

Was es nicht einfacher macht: Geschmäcker sind verschieden. Für manche sind Brokkoli und Rosenkohl ein Desaster, für andere führen geruchsexpansive Käsesorten schnurstracks ins Verderben. Oder eine vergleichsweise kleine Edel-Zutat, der man eine solche Wirkung gar nicht zugetraut hätte.

> **»Die Pinienkerne in dem Essen schmecken nach Elend.«** *Enno, sieben Jahre*

Nicht alle Küchen-Wahrheiten sind für jedes Lebensmittel von Vorteil. Rotwein etwa muss erst mal atmen dürfen, damit er besser mundet, empfehlen führende Dekanter-Hersteller. Bei anderen Lebensmitteln verdirbt zu viel Luftzufuhr aber den Genuss.

> Yannick probiert die selbst gemachten Essiggurken: **»Die Gurken schmecken nicht, da ist zu viel Sauerstoff drin.«** *Yannick, vier Jahre*

Tunlichst zu meiden sind außerdem Lebensmittel, die schon beim Verzehr Schmerzen bereiten. Ausgenommen sind nur Produkte, die erst bei übermäßigem Genuss Bauchweh und Übelkeit verursachen. Zum Beispiel Limo, Schokolade, Popcorn, saure Gummibärchen, Eis und die Mischung aus alledem.

> **»Wenn ich Wasser trinke, tun meine Zähne immer weh, weil das so kalt ist. Deswegen muss ich Saft trinken!«** *Noel, drei Jahre*

Im Gegensatz zu solchen Zuckerrauschmitteln löst die schnöde Grundnahrung weniger Begeisterung aus – selbst wenn sie mit ganz viel Liebe zubereitet wurde. Daher wären viele Mütter und Väter froh, würden sie bei den kleinen Gourmets mal so gut wegkommen:

> **»Mami, dein Essen schmeckt mir nicht so schlecht, wie ich dachte.«** *Leopold, fünf Jahre*

Nicht nur für Kinder, auch für Eltern gilt: Ehrliches Lob kann zu Höchstleistungen antreiben. Vor allem, wenn es so von Herzen kommt.

> Papa hat zum ersten Mal für die Kinder Spaghetti mit Tomatensoße gekocht: **»Parmesan kann der Papa gut.«** *Felix, drei Jahre*

Durch subtile Hinweise können Ernährungsberechtigte dazu bewegt werden, an Tag 348 in Folge schon wieder Nudeln mit Ketchup zu servieren. Oder mit-ohne-Soße.

»Papa, ich wollte was erzählen: Wenn man mmmh-nmmm-nmmmm macht, dann schmeckt was lecker.« *Leo, zwei Jahre*

Bisweilen aber müssen frustrierte Familienköche getröstet werden, die wieder mal ihr Bestes gegeben haben. Leider war es nicht genug.

Mama flucht, weil das Mittagessen misslungen ist: **»Mama, du bist eine schlechte Köchin, aber eine gute Bäckerin.«** *Vincent, drei Jahre, und Luisa, vier Jahre*

Ein kleiner Servicetipp zum Schluss. Hier kommt die ideale Ausrede für Fortgeschrittene, die Paragraf 15b der Hausordnung umgehen wollen, der da lautet: »Was auf den Tisch kommt, wird zumindest gekostet!«

»Das schmeckt so saulecker, dass ich es nicht mal probieren will!« *Johanna, vier Jahre*

Denn wer weiß, was einem da wirklich vorgesetzt wird.

Noel spuckt sein Essen wieder auf den Teller. **»Hey! Was hast du denn da ausgespuckt?!«** Noel: **»Gift.«** *Noel, drei Jahre*

Erkenntnisse, Einsichten und knallharte Wahrheiten rund ums Essen

Die lieben Kleinen mögen noch so zickig sein, irgendwann landet dann doch die eine oder andere Nudel im Magen. Nahrungsaufnahme gehört schließlich zu den existentiellen Bedürfnissen des Menschen. Deshalb ist es von Vorteil, das entsprechende Vokabular zu beherrschen.

»Mama, ich bin essig und durstig!« *Dagmar, drei Jahre*

Und auch mit den essentiellen Küchengeräten sollte man sich auskennen, um alle Familienmitglieder zufriedenzustellen.

Leo bringt seinem Vater die Mokkakanne: **»Mach mal den Faucher an, die Mama will einen Kaffee.«** *Leo, vier Jahre*

Trotzdem kann es vorkommen, dass mit dem Ergebnis nicht jeder glücklich ist.

Die Mutter setzt sich mit einem Cappuccino auf das Sofa zu ihrem Sohn. Jan-Eric: **»Vielleicht stehe ich morgen in der Zeitung.« – »Warum?« – »Als bester**

Apnoe-Taucher. Wegen stinkendem Cappuccino am längsten die Luft angehalten.« *Jan-Eric, acht Jahre*

Also lieber außer Haus speisen? Auch hier ist mit Unmutsbekundungen einzelner Familienmitglieder zu rechnen.

> Das Restaurant ist geschlossen, stattdessen will sich die Familie im Biergarten treffen. Leander ist enttäuscht: **»Och neee! Ich trink doch gar kein Bier!«** *Leander, vier Jahre*

Da ist wie so oft die beste Lösung: einfach selber machen. Wobei nicht jeder davon profitieren wird.

> **»Mama, wenn ich groß bin, habe ich ein Pizzarestaurant!« – »Schön, dann können Papa und ich immer bei dir essen.« – »Leider nein, da seid ihr nämlich schon tot.«** *Oskar, vier Jahre*

Wer auch immer die Erfüllung der Träume noch miterleben wird: Im Leben ist es wichtig, Ziele zu haben. Sogar kulinarische.

> **»Was willst du denn mal machen, wenn du groß bist?« – »Na, Kaugummi kauen!« – »Und sonst so?« – »Bonbons essen!«** *Greta, fünf Jahre*

Die Vorfreude auf einen solchen Leckerbissen befeuert die

Speichelproduktion. Ähnliche Prozesse sind offenbar auch nach einer Mahlzeit zu beobachten.

> Auf dem Weg zur Restauranttoilette: **»Mir läuft schon das Wasser im Hintern zusammen!«** *Katharina, drei Jahre*

Einige Gelüste lassen sich – je nach Jahreszeit und Öffnungsdauer der Supermärkte – gleich erfüllen.

> **»Mehr Sankt Martins essen!«** (Gemeint waren Smarties.) *Jelva, knapp drei Jahre*

Beim Stillen dringender Bedürfnisse ist der Unterschied zwischen großem und kleinem Hunger zu beachten. Dabei hilft lautmalerische Unterstützung.

> In der U-Bahn will Leo noch eine Semmel haben und brüllt, so laut er kann, mit tiefer Stimme: **»EINE SEMMEL! EINE SEMMEL! EINE SEMMEEEEL! MAMAAAA!!!! EINE SEMMEL noch haben will ich!!!!«** Mama: **»Psst.«** Leo flüstert: **»Leise ›Semmel‹ sagen. Semmel, Semmel, Semmel, Semmel …«** *Leo, zwei Jahre*

Auch daheim kann das Warten auf das Essen die Geduld strapazieren. In welchen Zeiten leben wir denn?

> Beim Frühstück blickt Judith ungeduldig auf den Toas-

ter: **»Boah, wie lang lädt der eigentlich!«** *Judith, zehn Jahre*

Andere glänzen mit Fachwissen aus der Steinzeit.

Es dampft aus der Schüssel: **»Das Essen feuert noch!«** *Julius, drei Jahre*

Oder sie hätten da die eine oder andere Frage zu internationalen Spezialitäten.

Chris, sinnierend auf dem Klo: **»Mama, was ist eigentlich Pasta?«** Die Mutter, in der Küche beschäftigt, erzählt von Nudeln, Italien und überhaupt, da unterbricht sie Chris: **»Aber Mama: Zahnpasta?«** *Chris, vier Jahre*

Zum Glück ist die Zubereitung der Speisen meistens gewaltloser, als es ihr Name befürchten lässt.

Papa: **»Ich mache jetzt Zimtschnecken.«** – Noel: **»Sind die schon tot?!«** *Noel, drei Jahre*

Apropos Namen – nicht alle sind in Küchen gerne gehört. Wer sie ausspricht, muss mit entsprechenden Reaktionen rechnen. Klarer Fall von selber schuld, würden wir sagen!

Beim gemeinsamen Kochen fragt Linda: **»Mehlschwitze? Ist das eine Beleidigung?«** *Linda, vier Jahre*

Vorsicht bei der Zubereitung – manche Zutaten sind hygienisch nicht ganz einwandfrei und nur bei besonderer Sozialisierung würgelos zu sich zu nehmen.

Bei Lenas Oma in Franken gibt es manchmal zum Mittagessen »Eier und Schmalz«, andernorts bekannt als Kaiserschmarrn. Fränkisch ausgesprochen, klingt das bei der Oma wie »Eorra Schmalz«. Als Lena sieht, was es gibt, ruft sie voller Freude: **»Heute gibt's wieder Ohrenschmalz zum Essen!«** *Lena, fünf Jahre*

Daher empfiehlt es sich, die Herstellung noch im Entstehungsprozess kritisch zu hinterfragen.

Tabea sieht zu, wie Mama Schinkenröllchen paniert. **»Tust du im Sand spielen?«** *Tabea, drei Jahre*

Geteiltes Leid, so heißt es, ist halbes Leid. Ganz sicher stimmt aber: Ein geteilter Keks ist nur ein halber Keks.

»Mama, ich wollte dir auch einen Keks mitbringen, aber ich konnte nicht. Mein Bauch wollte den Keks selber essen.« *Jonathan, vier Jahre*

Ist die Leidenschaft fürs Kochen erst einmal geweckt, wirkt sich das auf andere Lebensbereiche aus.

Gespräch in der Küche: **»Wir haben einen Puppen-**

wagen in der Kita und mehrere Puppen. Eine Puppe heißt Hirschgulasch.« *Leo, zwei Jahre*

Andere Namen sind – trotz asiatischen Ursprungs – etwas naheliegender:

> Zu Weihnachten gibt es eine neue Barbie-Puppe. Sie soll aber nicht wie alle Barbies nur Barbie heißen: **»Wie wär's mit Barbie Goreng?«** *Pauline, vier Jahre*

Nicht nur die Spielzeugindustrie, auch Mutter Natur bietet kulinarische Ansichtssachen, die sofort Appetit auf mehr auslösen:

> Der Neuschnee ist noch ganz frisch und unberührt: **»Sieht aus wie Schlagsahne.«** *Nico, zwei Jahre*

Besonders gut harmoniert Sahne mit Kuchen und Eis, ganz viel Eis. Beim Verzehr von Letzterem gibt es nur zwei Regeln: Niemals langsamer schlecken, als es schmilzt. Und: Schlingen führt zu Hirnfrost.

> **»Emma, verschling dein Eis nicht so schnell. So ein Eis muss man genießen.«** Emma singt: **»Drei genießen mit dem Kontrabass …«** *Emma, zwei Jahre*

Kinder sind oft sehr konservativ bei der Eiskugelauswahl (Vanille! Schokolade!), dabei gäbe die Theke so viel mehr her.

»Welche Eissorte ist das?« – »Gemüseigel!« *Lorenz, zwei Jahre*

Das perfekte Schokoladeneis kann süchtig machen – um illegale Ware handelt es sich zum Glück trotzdem nicht.

»Gehen wir wieder zu dem netten Eisdealer?« *Vanessa, vier Jahre*

Gewisse Ungerechtigkeiten müssen auch Kinder nicht ungestraft hinnehmen, schon gar nicht im Sommer. Lebt mit den Konsequenzen, Eltern! Euren Nachwuchs seht ihr nimmermehr. Zehn Minuten lang, mindestens!

»Komm, Vincent, wir verschwinden von hier.« (Die große Schwester zum kleinen Bruder, weil beide kein Eis bekommen haben.) *Luisa, vier Jahre*

Wenn dann zur Versöhnung etwas kredenzt wird, das wirklich mundet, ereilt manchen die Selbsterkenntnis:

»Ich bin der meiste, der was isst!« *Matthias, fünf Jahre*

Kreative Küche

Die Spielküche im Kinderzimmer hat zwar den unschätzbaren Vorteil, dass Lebensmittel aus Holz oder Plastik weder am Boden kleben noch Finger verschmieren oder gar bei längerer Nichtbeachtung unter dem Bett zu schimmeln beginnen. Doch bei Licht betrachtet sind sie nur ein schnöder Ersatz für das echte Leben. Kein Duft, kein Geschmack. Mutige Eltern lassen Kinder nicht nur in der Weihnachtsbäckerei, sondern im Alltag mithelfen: Gurke schneiden, Joghurt-Dip anrühren, das können schon Kindergartenkinder. Und so mancher Essensverweigerer soll bekehrt worden sein, wenn er selbst die Salzmühle drehen durfte. Ein einfallsreicher Koch braucht nämlich nicht viel für eine Geschmacksexplosion.

> **»Mama, ich will dieses Rezept ausprobieren: Fingernagel, darüber Apfelsaft. Dann 90 Minuten in den Backofen. Dann noch mal 90 Minuten backen. Dann kann man es ausprobieren und essen. Und dann ... kann man vielleicht Feuer spucken!«**
> *Jan-Eric, fünf Jahre*

Einige Rezepte sind aber nur saisonal anzuwenden. Sehr saisonal.

> Zum Muttertag gibt es **»Mammelacchiato«**. *Julian, zweieinhalb Jahre*

Andere Nachwuchsgourmets sind leider wenig experimentierfreudig.

> **»Mein Lieblingsobst ist Salami!«** *Leni, vier Jahre*

Nicht nur tägliche Abwechslung, sondern auch Abwechslung am Tag ist ihnen zuwider.

> **»Was möchtest du denn zum Abendessen?« – »Frühstück!«** *Johanna, drei Jahre*

Andere sind zwar aufgeschlossen, aber nicht für alles zu haben.

> Im Gasthaus: **»Möchtest du ein Kinderschnitzel haben?« – »Nein, ein Schweineschnitzel!«** *Annika, acht Jahre*

Nicht nur im Restaurant wird der nachhaltige Trend »nose to tail«, also die Ganzkörpertierverwertung für die menschliche Ernährung, von einigen ins Extrem getrieben.

> **»Mama, können wir dich dann auch kochen, wenn du tot bist?«** *Yassin, fünf Jahre*

Wenig Berührungsängste haben Landkinder. Sie kennen sich aus mit Tieren – und dem, was sie fallen lassen.

> Die Eltern bereiten saftige Frikadellen zu. Eva freut sich: **»Mama! Pferde-AA!«** *Eva, 20 Monate*

Andere Kinder wachsen nicht so naturnah auf, ihnen müssen etwa die Wunder der Botanik erst nahegebracht werden. Manche Schlussfolgerung führt dabei eher zu Wildwuchs.

»Ist das wilder Wein?« – »Nein, das ist wilder Hopfen.« – »Oh, dann kannst du ja wildes Bier brauen.«
Anja, zehn Jahre

Trotz aller Vielfalt ist das, was die Natur zu bieten hat, nicht genug: Es ist Zeit für Gemüse in der Lieblingsfarbe.

Papa: **»Du willst Paprika? Gelbe oder rote?«**
»Blaue.« *Leo, zwei Jahre*

Abseits der Farbenlehre ist es essentiell, die Wirkungen von Genussmitteln zu verstehen – und sie für die eigenen Interessen einzusetzen.

Tilo möchte am Sonntag um sechs Uhr morgens vorgelesen bekommen, aber Mama ist noch viel zu müde.
»Okay, ich geh runter und koche dir 'nen Kaffee!« – »Nein danke, Tilo.« – »Okay, dann … mmmh … macht Alkohol eigentlich wach oder müde?«
Tilo, sieben Jahre

Extra: Was eine Familienmahlzeit gesund macht
Immerhin satte 50 Studien mit mehr als 29.000 Probandinnen und Probanden aus aller Welt haben Forscher ausgewertet, um herauszufinden, welche Rolle gemeinsame Mahlzeiten für eine gesunde Ernährung spielen. Schon länger wusste man: In Familien, die regelmäßig gemeinsam am Tisch sitzen, sind die Kin-

der seltener übergewichtig. Doch woran liegt das? An den für die Familienmahlzeit liebevoll zurechtgeschnitzten Gemüsesticks? Oder daran, dass die Kinder vor lauter Geschwisterzickereien nicht zum Essen kommen? Psychologen des Max-Planck-Instituts für Bildungsforschung und der Universität Mannheim machten sich auf die Suche nach den Gründen und stellten fest: Es geht nicht nur darum, was man isst, sondern wie man isst.

Sechs Faktoren identifizierten sie, die für den positiven Effekt von Frühstück, Mittag- oder Abendessen im trauten Familienkreis ausschlaggebend sind. Dazu gehört – eher wenig überraschend – die Qualität der Lebensmittel: Frisch Gekochtes enthält meistens mehr Vitamine und Nährstoffe als eine schnell in der Mikrowelle aufgewärmte Fertigmahlzeit. Und die elterliche Vorbildfunktion in Sachen Ernährung ist nicht zu unterschätzen – auch wenn unzählige Väter und Mütter eher nicht den Eindruck haben, dass sich ihre Begeisterung für Salat oder Fisch auf die Kinder überträgt. Irgendwo im Unbewussten scheint sie dann doch zu fruchten: Kinder, deren Eltern durch ihr eigenes Ernährungsverhalten mit gutem Beispiel vorangehen, ernähren sich gesünder, stellten die Wissenschaftler fest. Verstärken kann man den Effekt, indem man den Nachwuchs beim Schnippeln und Kochen mithelfen lässt.

Mindestens genauso wichtig wie die Zutaten ist die Atmosphäre am Tisch. Fühlen sich alle wohl, wird geredet und gelacht, isst es sich anders, genussvoller, weniger gehetzt. Denn gerade das Esstempo identifizierten die Psychologen als wichtigen Faktor – und der Fernseher (inzwischen wohl eher das Smartphone) sollte als Störfaktor eliminiert oder wenigstens ausgeschaltet werden. Sonst verpasst man sein Sättigungsgefühl, gute Gespräche sowieso.

Doch wie schaffen es Eltern, auch angesichts nerviger Erbsen-aus-der-Suppe-Picker und Salat-Verweigerer immer gelassen Haltung zu bewahren? Ein Satz der Forscher mag hier beruhigen: »Der berichtete Zusammenhang zwischen Familienmahlzeiten und der Ernährungsgesundheit ist klein«, schreiben sie. Und es lässt sich schwerlich im Experiment testen, was sich verändern würde, wenn in der einen Woche der Fernseher beim Essen läuft und in der nächsten nicht. Ein guter Gradmesser bleibt wahrscheinlich das eigene Bauchgefühl: Das ist nach einem schönen Essen mit guter Unterhaltung in entspannter Atmosphäre in aller Regel um einiges besser als nach einer zu großen Portion allein heruntergeschlungenem Fast Food. Ausnahmen bestätigen die Regel.

7.

Mode: Keine Frage des Alters

Kinder lieben Mode. Leider wissen einige Eltern dies nicht zu würdigen. Während die großen SchöpferInnen der Haute Couture entlang der Laufstege gefeiert werden für ihre wilden Experimente, für gewagte Kombinationen, für spielerisches Neudenken, für den Ausbruch aus Gewohntem und Gewöhnlichem, bauen sich Eltern vor der Kinderzimmertür auf und rufen: »So kannst du nicht aus dem Haus gehen!« Gut, das kann man in manchen Haute-Couture-Kreationen eigentlich auch nicht, jedenfalls nicht, ohne ein Höchstmaß an Aufmerksamkeit zu erregen. Aber muss es für die Kleinen immer Prêt-à-porter sein – tragbar bis zur Langeweile? Warum sich aufregen, nur weil der Nachwuchs die Strumpfhose als Bolero mit eingebauten Handschuhen über die Arme zieht? So hat er es wenigstens warm.

Denn selbst modeunbewusste Eltern haben ein Problem mit dem Kleidungsstil von Kindern, die Witterung und Jahreszeit völlig außer Acht lassen. Die wutschnaubend und wenig prinzessinnenhaft darauf bestehen, im Tüllkleidchen in die Kinderkrippe zu tänzeln, obwohl sie draußen hüfthoch im Schnee versinken. Die ihre heiß geliebten Sandalen (wer packt schon gerne die Erinnerungen an den Sommer weg?) nicht gegen Gummistiefel tauschen wollen, selbst wenn im Dauerregen schon Flüsse übers Ufer treten. Und: Die sich nicht von der Gemütlichkeit des Schlafanzugs trennen können. Sture Charaktere ziehen es durch und verbringen den Kita-Tag im Snoopy-Pyjama. Kompromissbereitere Geister zerren die Straßenkleidung heimlich über den Schlafanzug, sodass sie wie speckrollige Michelin-Männchen herumstapfen, aber glücklich sind.

Das Thema »angemessene Kleidung bei Kälte« spitzt sich im Lauf der Zeit noch zu bis zum Paradoxon in der Pubertät: Wer sowohl »cool« als auch »hot« sein will, muss leiden – genauer gesagt frieren. Wenn erste Hormon-Tsunamis Gewohntes hinwegreißen, werden Schals, Mützen und knöchelbedeckende Socken in die Ecke gepfeffert oder mitten ins Zimmer (Kleiderhaufen am Boden gehören neben schmutzigen Tellerstapeln unerklärlicherweise zum genetischen Programm des Heranwachsens). Egal welche Minustemperatur herrscht: Wer zittert, verliert – an Ansehen in der Clique. Eltern können sich Meckern und Schimpfen sparen, ihre Meinung zählt da nicht. Am besten kuscheln sie sich stattdessen in die verschmähten Mützen, Schals und warmen Pullis. Sonst droht allein beim Anblick der nackten Teenager-Haut Schüttelfrost.

Solange weder Zehen noch Finger abfrieren, sollten sich Eltern in Sachen Mode einfach mal locker machen. Seltsame, da unbequeme Trends halten sich eh nicht lange. Erinnert sich jemand an das One-Hit-Wonder »Jump« des Mini-Rapper-Duos »Kris Kross«? Markenzeichen der 13-Jährigen war, ihre Kleidung verkehrt herum anzuziehen (was überhaupt nur dank der Anfang der 90er ebenfalls trendigen weiten Baggy-Pants möglich war). Bloß die treuesten Fans versuchten das länger als ein paar Tage mitzumachen. Falls keine Knöpfe und Reißverschlüsse an der falschen Körperseite drücken, macht das Spiel mit der Mode aber einfach Spaß. Und bereichert es nicht auch den Alltag der Erwachsenen, wenn jemand aus dem Fashion-Einerlei der großen Modeketten heraussticht? Der Farbe ins graue Wintermonoton bringt, dessen Gürtel viel zu breit und glitzernd ist, um übersehen zu werden, dessen schillerndes Oberteil an Akrobatentracht erinnert und an kindliche Zirkusfreuden?

Der stilvolle Auftritt

Also lasst die Kinder wild kombinieren und experimentieren. Was sie wirklich über Mode lernen müssen? Dass es keine »Modesünden« gibt! Das Wort kann man gleich mal streichen.

> Silas trägt einen gestreiften Schlafanzug: **»Guck mal, Mama, ich bin ganz gestrichen.«** *Silas, fünf Jahre*

Was wenigen bekannt ist: Die Uhrzeit spielt bei der Kleiderwahl eine überraschende Rolle.

> **»Das ist nicht meine Hose, die mit den Streifen. Meine ist die pünktliche.«** *Ava, drei Jahre*

Manche Kleidungsstücke kann man immer tragen und überall. Außer es fällt jemandem auf.

> Mama zieht im Bus ihre Jacke aus, darunter trägt sie ein kariertes Flanellhemd. **»Schlafanzug? Hast du Schlafanzug an, Mama, oder?!«** *Leo, zwei Jahre*

Schlafanzug, Jogginghose – was einst ein No-Go in der Öffentlichkeit war, erregt heute kaum Aufmerksamkeit, solange die Hosen zumindest auf halbmast sitzen (und dort bleiben). Auch einschränkende Geschlechtergrenzen sind in unserer aufgeklärten Gesellschaft längst nicht mehr gültig: Zieht doch an, was ihr wollt! Selbst in der Kirche.

> Beim Anblick eines Domschweizers (Kirchenwächter im Kölner Dom) in seinem Gewand: **»Papa, warum hat der Mann ein Kleidchen an?«** *Felicia, drei Jahre*

Zugleich lassen sich kleine Unterschiede nicht leugnen. Es fördert das zwischengeschlechtliche Verständnis, wenn Jungs schon früh lernen, dass viele Frauen eher frieren als Männer.

> Alek zu Papas Partnerin, als sie morgens in BH und Slip aus dem Bad kommt: **»Warum hast du denn zwei Unterhosen an?«** *Alek, drei Jahre*

Trotz der modischen Freiheiten stehen zahlreiche Fettnäpfchen bereit:

> **»Oma, du hast einen schönen Schal! Sieht aus wie ein Teppich.«** *Mathilde, vier Jahre*

Andere halten sich gar nicht erst mit solch vergifteten Komplimenten auf.

> **»Deine Schuhe sind aber kitschig.«** Mama: **»Die sind doch nicht kitschig.« – »Doch, für dein Alter schon.«** *Annette, sieben Jahre*

Die strengsten Modekritiker sitzen mitnichten in den ersten Reihen der Pariser Schauen.

Zur Oma: **»Mir gefällt es nicht, wenn du Jeans anhast, und weißt du, warum? Weil du dann unten jung aussiehst und oben alt. Das passt nicht zusammen.«** *Marie, fünf Jahre*

Nun, wer schön sein will, muss eben leiden. Das gilt auch für Männer und ihre Schuhe.

Papa kauft neue Schuhe und Schuhspanner dazu. Die Verkäuferin legt sie gleich ein. Greta: **»Was ist das denn?«** Papa: **»Schuhspanner.«** Greta: **»Nerven die nicht?«** *Greta, sechs Jahre*

Wer nun googelt, was Schuhspanner sind – kein Wunder, wer kennt diese Schuhleben verlängernden Wundermittel denn noch?! Die Auswüchse der Billigmode-Industrie haben leider Auswirkungen auf jeden Lebensbereich. Dabei war der Kredit doch gerade abbezahlt.

»Wir könnten auch mal ein neues Haus gebrauchen. Unseres ist schon so alt.« *Ellen, vier Jahre*

Da loben wir uns den Nachwuchs, der die gute alte Handarbeit zu schätzen weiß.

Dirk malt Hochhäuser mit schiefen Fenstern. Auf die

Anregung, er möge doch gerade Linien zeichnen, schließlich seien die Fenster am Nachbarhaus ja ebenfalls gerade, sagt er: **»Die sind mit der Maschine gemacht und die«**, dabei zeigt er auf sein Bild, **»mit der Hand!«** *Dirk, vier Jahre*

Schließlich ist Natürlichkeit Trumpf. Das bekamen nicht nur die Neonfarben der modisch fragwürdigen 80er-Jahre zu spüren.

Im Kaufladen gibt es Geschenkband in Blau und Rot im Angebot. Mama: **»Haben Sie die Bänder auch in Naturtönen?«** Kurzer Blick auf den Boden, zwei Steine aufgehoben und aneinandergeklackt. Bitte sehr, Naturton. *Lisa, vier Jahre*

Letztlich ist Modegeschmack nur eine Frage der Sichtweise. Ein Landwirt mit Krähenproblem etwa könnte hier nur zustimmen:

Der Sohn findet einen Sonnenhut aus dem letzten Sommerurlaub und setzt ihn der Mutter auf: **»Mama, du siehst so wunderschön aus mit diesem Hut … wie eine Vogelscheuche!«** *Kian, fast vier Jahre*

Während unpassende Strohhüte rückstandslos im nächsten Lagerfeuer entsorgt werden können, sollte man sich längerfristigen Körperschmuck zweimal überlegen. Und vorher um Erlaubnis fragen.

Emely mustert ausgiebig eine stark tätowierte Frau:
»Ist das Kugelschreiber? Das dürfen wir nicht!«
Emely, vier Jahre

Aber warum eigentlich die Aufregung? Hauptsache, man nimmt wasserlösliche Filzstifte.

Über einen Mann mit tätowierten Beinen: **»Schau mal, Papa, der hat seine Beine angemalt!«** *Noah, zwei Jahre*

Mit Mode lassen sich aber auch Zeichen regionaler Verbundenheit setzen. Zugereisten mangelt es da leider an Verständnis.

Als Berliner zu Besuch auf dem Münchner Oktoberfest:
»Wer hat hier eigentlich diesen Dirndl-Urlaub gebucht?« *Charlotte-Luise, vier Jahre*

Letztlich kommt es in Modefragen vor allem auf die richtigen Accessoires an, um mächtig Eindruck zu schinden.

Tabea entdeckt die Zahnfüllungen ihrer Mutter:
»Mama, im Mund bist du eine richtige Prinzessin!«
Tabea, drei Jahre

Zu viel des Guten stört wiederum das Gesamtbild.

Zoe flutscht eine sehr große Menge Fertigdressing aus

der Flasche auf den Salat: **»Ist der Salat jetzt overdressed?«** *Zoe, zwölf Jahre*

Um lange etwas von den Lieblingsstücken zu haben, muss man das kleine Wasch-Latein beherrschen.

Mama: **»Wenn man den Pulli heißer wäscht, als auf diesem Waschzettel steht, kann es sein, dass er einläuft und danach ganz klein ist.«** Noel: **»Ja, und dann gehört er einer Mäusefamilie.«** *Noel, drei Jahre*

Die Frage, woher der Stoff für diesen ewigen Modezirkus kommen soll, ist übrigens längst geklärt.

»Wenn du tot bist, bekomm ich deine Kleider.« *Anne, vier Jahre*

Der Rest ist eigentlich nur eine Frage der Einstellung.

Anni auf die Frage, was sie am Nachmittag machen will: **»Teuer leben.«** *Anni, zwei Jahre*

Und wenn das Geld nicht reicht? Dafür gibt es eine Lösung, allerdings nur für Selbstbewusste.

Martha erscheint nur mit einer Windel bekleidet am Esstisch. Papa: **»Warum bist du nackt?« – »Warum bist du nicht nackt?«** *Martha, drei Jahre*

Bärte-Spezial

Eine modische Besonderheit, bei manchen eher ein wild wuchernder Ausnahmezustand, ist der Bart – ein Faszinosum für nachwachsende Generationen. Diese sind vor allem darüber erstaunt, wo diese stachelige Behaarungsform überall am Körper zu finden ist. Bei Männern und Frauen.

Zunächst wäre aber eine grundsätzliche und leicht besorgt gestellte Frage zu klären:

> Marc begutachtet Papas Bartstoppeln: **»Wann krieg ich auch so Stacheln?« – »In ungefähr zehn Jahren.« – »Tut das weh, wenn man die reinmacht?«**
> *Marc, vier Jahre*

Ja, Kinder lernen viel durch Fragen, aber auch durch Beobachtung. Allerdings ziehen sie nicht immer die korrekten Schlüsse.

> Greta platzt ins Bad, wo Opa gerade unter der Dusche steht. Sie kommt direkt wieder heraus und ruft laut lachend: **»Kommt schnell gucken! Opa hat ja einen Schnurrbart an seiner Scheide!«** *Greta, fünf Jahre*

Obwohl der Bartwuchs offenbar nicht immer nur vom Hals aufwärts sprießt, wird die Pflege der übrigen Bärte von manchen Vätern sträflich vernachlässigt.

»Der Papa hat ja zwei Bärte, aber nur einen schneidet er kurz.« *Ricardo, vier Jahre*

Bei genauerer Betrachtung wird zudem klar, dass nicht nur die Bartpflege intensiviert werden müsste, sondern auch die Namensfindung für die unterschiedlichen Strubbelpunkte am männlichen Körper – mit »Brusthaartoupet«, »Schambarthaar« und »Stachelbein« ist nicht alles abgedeckt.

»Papa, ist das dein Bauchbart?« *Noemi, drei Jahre*

Nicht nur die Benennung der Haarpracht an sich ist wichtig. Sie wirft zudem Fragen nach der eigenen Zukunft auf.

Till betrachtet seinen Vater in der Dusche und fragt:
»Kriege ich auch mal einen Bart an meinen Penis?«
Till, vier Jahre

Frauen sind übrigens nicht vor übermäßigem Bartwuchs gefeit.

»Mama, warum hast du Bartstoppeln unter den Armen?« *Johanna, neun Jahre*

Selbst jährlich vorbeikommende Heilige mit Erziehungsauftrag müssen sich auf kritische Nachfragen zu ihrer Gesichtsbehaarung einstellen:

»Nikolaus, warum hast du einen Gummi an deinem Bart?« *Konrad, vier Jahre*

Dabei ist doch, wie schon eine weise Elfjährige anmerkte, der Bart nicht das Einzige, was zählt:

Die Schülerin will wissen, wie der neue Freund ihrer Nachhilfelehrerin aussieht. Also beschreibt diese ihn: **»Grüne Augen, dunkle Haare … und einen Bart hat er auch.« – »Ach, das mit dem Bart macht nichts! Auf die inneren Werte kommt es an!«** *Ece, elf Jahre*

8.

Unordnung ist die schönste Ordnung

Das Zusammenleben von Eltern und Kindern entspricht nicht immer den jeweiligen Bedürfnissen: Auf der einen Seite die Sehnsucht nach ein wenig Ordnung, Struktur und unfallfreier Bewegung im häuslichen Umfeld. Auf der anderen Seite eine Vorliebe für Chaos und Kreativität, verbunden mit möglichst wenig Lebenszeitverschwendung an langweilige Tätigkeiten, am wenigsten daheim. Versuchen Erwachsene sich bei divergierenden Bedürfnissen vielleicht in der Mitte zu treffen, idealerweise für einen Kompromiss, prallen Eltern und ihr Nachwuchs eher aufeinander. Falls sie sich überhaupt finden.

Wenn also Eltern die steilen, nachrutschenden Hänge der Spielzeugberge überwunden haben, wenn sie das einschneidende Erlebnis und damit den Schmerz weggeatmet haben, den Legosteine in Fußsohlen auslösen, wenn sie sich den Schweiß von ihrem Angesicht und aus den Augen gewischt haben, um den Sohn entspannt auf dem letzten freien Plätzchen im Kinderzimmer lümmeln zu sehen – dann müssen sie sich das anhören:

»Ich kann nicht aufräumen, da schwitz' ich so!«
Anian, vier Jahre

Dabei sind Eltern – wie so oft – an dem Übel selbst schuld.

»Warum hilfst du nicht beim Tischabräumen? Ständig machst du etwas anderes, um dich davor zu drücken.« – »Ich möchte ja mithelfen, aber wenn ich dann etwas abräumen möchte, ist alles schon fertig und sauber.« *Laura, sieben Jahre*

Wer Unordnung im Vorhinein vermeiden will, muss hellwach sein. Immer. Besonders morgens.

Die Eltern schlafen noch, als Paulina ins Schlafzimmer kommt und fragt: **»Mama, darf ich Verhau machen?«** *Paulina, drei Jahre*

Eine dringende Bitte um Mithilfe im Haushalt bietet den Kindern übrigens die ideale Gelegenheit für eine kleine Erpressung. Einen Versuch ist es wert.

Mama: **»Räumst du bitte den Tisch ab?« – »Das mache ich erst, wenn's hier mal was gibt, was ich auch mag. Bratwurst oder Frikadellen zum Beispiel.«** *Lias, fünf Jahre*

Aufräumen ist das eine. Dekorieren das andere. Wer schön wohnen will, muss (ein bisschen) leiden.

Auf die Frage, warum die Schmuckkette nach dem Aufräumen weiterhin an der Klinke zum Elternschlafzimmer hängt: **»Damit ihr auch mal eine schöne Tür habt.«** *Leon, vier Jahre*

Überhaupt sollten Eltern sorgfältig abwägen, ob sie sich wirklich einmischen wollen, wenn der Nachwuchs endlich mal aufräumt. Selbst wenn dies im kaum wahrnehmbaren Schleichschneckentempo geschieht – noch langsamer, dann würde die Zeit rückwärtslaufen.

Eltern: **»Du räumst ja gar nicht auf, du tust nur so.«**
Laura (sehr empört): **»Ich räume ja auf, aber wenn**

du willst, kann ich auch aufhören.« *Laura, sieben Jahre*

Es kann durchaus an mangelnder Unterstützung liegen, dass sich wieder mal alles so hinzieht. Eltern, wollt ihr ewig zusehen?

»Mama, ich kann das nicht alles alleine aufräumen. Das dauert so lange!« *Anton, vier Jahre*

Außerdem sind Erziehungsberechtigte ja dafür zuständig, dass ihre Nachkommen im Alltag nicht zu oft aus der Komfortzone geschubst werden. In der Grundschule war es schließlich anstrengend genug.

»Ich kann nicht aufräumen, ich habe Stress an den Händen!« *Melissa, acht Jahre*

Sind die Eltern nicht einsichtig, helfen nur noch schlagende Argumente. In diesem Moment dürfte es den Großen jedenfalls die Sprache verschlagen haben.

»Aufräumen ist mir zu anstrengend, ich bin schwanger!« *Paulina, drei Jahre*

Das mag einmal, zweimal, dreimal funktionieren – dann bleibt als Ausweg nur: absolute Ehrlichkeit.

»Lea, räumst du bitte dein Zimmer auf?« –

»Ich kann nicht. Ich bin völlig verfault.« *Lea, vier Jahre*

Manchmal sind es aber die Eltern, die angesichts der Unordnung nicht mehr klarsehen. Macht euch mal locker!

»Mein Zimmer ist altersentsprechend aufgeräumt!« *Lucia, 13 Jahre*

Weitgehend unbekannt ist, dass sich Eltern für ein stets aufgeräumtes Zimmer vertrauensvoll an den Kinderarzt wenden könnten:

»Gut, dass ihr mich geimpft habt. Gegen Mumps, Masern, Trödel.« *Luise, vier Jahre*

Wurde diese Impfung versäumt, bleibt nur, den Nachwuchs rechtzeitig an die kleinen Freuden des Haushalts heranzuführen.

Leo hilft dabei, Wäsche vom Wäscheständer abzuhängen, und sagt zufrieden: **»Habe alles erntet. Wo kommt die Unterhose hin?«** *Leo, zwei Jahre*

Allerdings macht da der Ton die Musik.

Ava, nachdem ihre Oma ihr gesagt hat, sie solle bitte ihre Spielsachen aufräumen: **»Oma, es ist eine Frechheit, wie du mit mir redest.«** *Ava, dreieinhalb Jahre*

Kein Wunder, wenn so die nächsten »children of the revolution« herangezogen werden. Dabei regiert Chaos bereits die Welt!

> Mama kommt ins Kinderzimmer: **»Leute, wie sieht's denn hier schon wieder aus? Wir haben doch erst gestern zusammen aufgeräumt!«** Vincent: **»Unordnung ist die neue Ordnung, Mama!«** *Vincent, neun Jahre*

Das ist aber gar kein Problem: Wahres Genie zeigt sich erst im Chaos.

> Hugo: **»Ich bin wie Beethoven.«** Mama: **»Hmmm …«** (Wobei sie überlegt, wie sie angemessen vermitteln kann, dass er, obwohl musikalisch und mit einem sehr guten Gehör gesegnet, wohl aber kein Wunderkind ist.) Hugo: **»Er wollte auch nicht aufräumen!«** *Hugo, acht Jahre*

Extra: Wie Kinder Aufräumen lernen

Vorweg: Eine Garantie können wir nicht geben, dass sich das Zimmer Ihrer Kinder von einer Verkörperung der Chaos-Theorie zu einem stets vorzeigbaren Ort kultivierten Wohnens wandelt (wobei dies sowieso ein zu hoch gestecktes Ziel wäre). Aber einen Versuch ist es wert, um das Zimmer zumindest begehbar zu halten und die Suchzeit nach Lieblings-Spielzeugen zu minimieren.

1. Mitmachen lassen. Es klingt ein bisschen paradox, aber damit fängt man am besten schon an, wenn die Kinder körperlich und geistig eigentlich noch gar nicht in der Lage sind, um wirklich (konstruktiv und zielorientiert) aufräumen zu können. Eine echte Hilfe sind sie vielleicht noch nicht, aber sehr, sehr stolz, wenn sie die Legosteine sortieren und die Staubmäuse auf dem Fußboden zusammenkehren dürfen. Wer sich gebraucht fühlt, der ist motiviert, das ist im Kinderzimmer genauso wie am Arbeitsplatz. Und vielleicht hält es ja ein paar Jahre an (oder zumindest ein, zwei Wochen).

2. Spaß haben. Klingt noch paradoxer? Nicht unbedingt. Gute Musik oder eine lustige Geschichte über die Abenteuer des kopflosen Legomännchens sind deutlich besser für die Stimmung in der Räumzone als der hundertsiebzehnte genervte Spruch über unordentliche Kinder. Nicht jedes Aufräumen muss zum Event werden, aber ab und zu? Es hebt doch schließlich auch die elterliche Stimmung, wenn die Familie Spaß hat.

3. Konkret sein. »Räum dein Zimmer auf!« Die Botschaft ist klar, aber nur aus Elternsicht. Kinder tun sich leichter, wenn sie konkrete Arbeitsaufträge bekommen: »Leg die Bausteine in die rote Kiste« oder »Stell die Bilderbücher bitte zu den anderen ins Regal«.

4. Zuhören. »So ein Chaos: Man kommt gar nicht mehr zum Bett, weil überall Playmobil-Männchen auf dem Boden stehen!! Warum räumst du das nicht endlich auf?« Vielleicht weil es aus Kindersicht ja gar keine Unordnung ist, sondern die Großbaustelle für das neue Feuerwehrhaus mit angeschlossenem Streichelzoo. Manche Spielwelt braucht einfach ein bisschen mehr Zeit. Man könnte ja aushandeln, dass der Baustellen-Bagger einen Trampelpfad zum Bett bahnt.

5. Routinen einführen – und erklären. Kinder sind erfahrungsgemäß sehr viel einsichtiger, wenn ihnen nicht nur gesagt wird, dass sie etwas tun oder lassen sollen. Sondern auch, weshalb. Eine praktische Anti-Chaos-Routine ist: Räum ein Spiel(zeug) weg, bevor du das nächste holst. Dann hast du mehr Platz für dein neues Spiel und es purzelt nicht alles durcheinander – außer dies soll der Sinn des Ganzen sein, weil etwa ein Dinosaurier-Überfall auf das Puppenhaus geplant ist und die Zahl der Angreifer per Würfel ermittelt wird. Daher gilt für Eltern anders als für Western-Antihelden: Erst fragen (siehe Punkt 4), dann … nein, nicht schießen, äh, schimpfen … freundlich an die hilfreiche Routine erinnern. Und noch mal daran, wie sehr sie dem Kind selbst nutzt.

6. Den richtigen Zeitpunkt wählen. Der Tag war lang, die Routinen (siehe Punkt 5) wurden im Spieleifer leider vergessen, das Kind reibt sich übermüdet die Augen, und die Eltern säßen am liebsten schon seit zwei Stunden auf der Couch. Muss jetzt wirklich noch aufgeräumt werden? Grundsätzlich sind ein paar Grundsätze nicht schlecht, um das Aufräumen zur Routine werden zu lassen, ein fixer Zeitpunkt vor dem Abendessen zum Beispiel. Aber es muss Ausnahmen geben dürfen, wenn das Risiko zu groß ist, dass man spätestens nach zehn Minuten schreiend respektive heulend zwischen Bügelperlen, Puzzleteilen und Kekskrümeln sitzt. Morgen ist auch noch ein Tag. Und die Chance für ein erfolgreiches Absolvieren von Punkt 2 weitaus größer: gemeinsam Spaß zu haben.

9.

Mitten im Leben

Kindern wird gerne unterstellt, dass sie wenig Ahnung von den großen Zusammenhängen im Leben haben. Von wegen! Schließlich ist der Blick der Kleinen auf die Dinge noch unverstellt, trotz – oder gerade wegen – der geringen Körpergröße. Und falls sie manches doch nicht durchschauen, haben sie wenigstens keine Hemmungen, direkt nachzufragen. Ebenso ungefiltert verkünden sie ihre Ansichten zu diversen Themen, über Gott und die Welt – oder wann die persönliche Bespaßung durch die Eltern loszugehen hat.

Ihre wahren Worte sind bisweilen schwer zu akzeptieren, was aber nicht immer am Inhalt liegt. Vielleicht stimmt auch einfach der (frühe) Zeitpunkt nicht.

Wochenende, halb sechs Uhr früh, Jelva kommt ins Schlafzimmer und ruft: **»Aufstehen! Es ist schon fast Morgen!«** *Jelva, drei Jahre*

Für manche Feinheit zwischenmenschlicher Paarbeziehungen fehlt in jüngeren Jahren jedoch die Erfahrung.

Mama und Anton unterhalten sich über Liebe und solche Sachen. Anton stellt fest: **»Ich habe immer gedacht, verknallt ist die dünne Art von Liebe.«** *Anton, sieben Jahre*

Nie zu früh ist es aus Autorinnensicht hingegen für diese grundlegende Wahrheit.

»Gell, Papa: Männer irren sich, aber Frauen täuschen sich. Oder?« *Carla, drei Jahre*

Allerdings wird selbst diese fundamentale Regel im Extremfall außer Kraft gesetzt. Aber manchmal ist eh alles zu spät.

»Papa, wenn alle Menschen gestorben sind, dann ist es egal, ob Stromausfall ist.« *Samuel, fünf Jahre*

Bei Weltuntergängen und anderen Notlagen reagieren die meisten Menschen völlig kopflos. Nicht so Patrick.

»Rette mich, wer kann!« *Patrick, fünf Jahre*

Manche Probleme lassen sich – im Gegensatz zur Apokalypse – schneller lösen als gedacht. Und sehr viel einfacher. Besonders, wenn man es wagt, die Dinge aus einer anderen Perspektive zu betrachten und sich von der endlosen Diskussion über Mein-Dein-Unser zu lösen. Diese hat die Menschheit und den Weltfrieden schließlich noch nie wirklich vorangebracht.

Mama: **»Nein, in MEIN Bett geht ihr nicht mit dreckigen Klamotten!«** Leo: **»Gut, Mama, dann ist es ab sofort nicht mehr DEIN Bett!«** *Leo, sechs Jahre*

Dieser vehement vorgetragene Lösungsvorschlag dürfte nicht gut angekommen sein, denn:

»Richtig schlimm ist, wenn das Bett verschwindet!« *Liam, drei Jahre*

Oder der Schrank, der Tisch, der Sessel …

Umzug: Die Packer kommen, laden die Schränke in den Möbelwagen, allmählich leert sich die Wohnung. **»Papa, nehmen die uns jetzt alle unsere Sachen weg?«** *Linda, sechs Jahre*

Noch schlimmer aber ist es, wenn auch die WLAN-Verbindung schlappmacht. Da drehen nur gestählte Achtsamkeits-Yogis nicht durch.

Mama ist genervt, weil das Internet nicht geht, und meckert vor sich hin, dass sie so nicht arbeiten könne. Quentin rät: **»Mama, du musst in deiner Mitte bleiben. Arbeite doch heute einfach nicht.«** *Quentin, vier Jahre*

Zu einer entspannten Lebenshaltung trägt immens bei, wenn man selbst eine Lösung für jedes Problem kennt. Oder einen Lösenden.

»Mein Spielzeug funktioniert nicht mehr, das muss der Papa batterieren.« *Annabelle, vier Jahre*

Manches Ungemach träte gar nicht erst auf, wenn jeder mit offenen Augen durch die Welt ginge und dabei das Mitdenken nicht vergessen würde.

Beim Auto stehen die Türen offen. Die Nichte läuft vorbei, bleibt stehen und schließt sie: **»Türe zu, weil sonst Vogel reinkackt.«** *Hedwig, zwei Jahre*

Das Erkennen anderer Zusammenhänge ist hingegen etwas fragwürdig, zumindest aus sorgenvoller Elternsicht.

»Mut ist sehr wichtig.« – »Warum?« – »Dann kann man ganz viele gefährliche Sachen machen!«
Constantin, vier Jahre

Eine Chance zum Eingreifen haben Eltern noch, bevor riskante Pläne in die Tat umgesetzt werden:

»Immer wenn der Spaß losgeht, muss man aufs Klo.« *Karolina, vier Jahre*

Extra: Warum Kinder Fantasiefreunde haben – und trotzdem mitten im Leben stehen
Grundsätzlich sind Eltern ziemlich entzückt, wenn ihr fantasiebegabtes Kind einen schnöden Pappkarton in einen Raumgleiter verwandelt und aus fünf Steinen und drei Stöcken eine ganze Stadt entstehen lässt. So viel Imaginationskraft nimmt man gerne als Beleg dafür, dass Tochter und Sohn einen Sinn für die Dinge jenseits des Materiellen haben, dass sie kreativ sind und einfallsreich! An Grenzen stößt die Begeisterung allerdings bei imaginären Freunden. Wenn die Haustür erst geschlossen werden darf, nachdem dieser seltsame Typ, den sonst niemand sieht, über die Schwelle getreten ist. Oder wenn jeden Abend im Kinderzimmer ein Schlafkörbchen für einen unsicht-

baren Hund hergerichtet wird. Ist das jetzt nicht ein bisschen zu viel der Fantasie? Und ein wenig … gaga? Laut Studien haben mehr als 30 Prozent aller Kinder irgendwann einen imaginären Freund, wobei dieser Freund auch ein Tier sein kann oder ganz etwas anderes mit Fühlern und Flügeln. Sie wissen schon: Kinder sind kreativ. Nimmt man all die Stofftiere hinzu, die Kinder in ihrer Vorstellung zum Leben erwecken, sind es über 60 Prozent. Meist treten die unsichtbaren Gefährten ins Leben der Familie, wenn das Kind zwischen drei und fünf Jahre alt ist.
Eltern sind da schnell ein bisschen beunruhigt: Hat mein Kind keine Freunde im wahren Leben? Plagt es sich mit Sorgen und Nöten, von denen ich nichts weiß? Braucht es mehr Unterstützung? Auch die Fachwelt war lange skeptisch: Psychologen werteten eingebildete Freunde früher oft als mögliches Indiz für Probleme in der kindlichen Entwicklung.
Das hat sich mittlerweile geändert, angestoßen vor allem durch Forschungen der US-amerikanischen Wissenschaftlerin Marjorie Taylor, die vor mehr als 20 Jahren anfing, systematisch zu untersuchen, wie und warum Kinder sich Begleiter durch allerlei Lebenslagen erfinden. Oft erschafft die Vorstellung unsichtbare Kumpel im selben Alter, manchmal versehen mit Zauberkräften. Das stellte die Forscherin fest, als sie Kinder bat, ihre Fantasiegefährten zu beschreiben. Manchmal sind es Tiere oder ältere Menschen, Zwerge oder Riesen – und Superhelden. Das

Vorurteil, dass vor allem schüchterne Kinder sich mit erfundenen Freunden umgeben, kann Taylor nicht bestätigen, im Gegenteil: Diese Kinder seien im realen sozialen Miteinander fest verankert und oft sogar empathiefähiger und kontaktfreudiger.

Der wichtigste Grund, aus dem Kinder sich einen Gefährten imaginieren, ist fast schon zu naheliegend: Sie denken sich gern Dinge aus. Und die positiven Effekte, die Taylor beschreibt, sind durchaus schlüssig. Denn im Dialog mit den ausgedachten Freunden lassen sich Situationen und Reaktionen einfach mal durchspielen. Und damit dann im echten Leben besser einschätzen. Ein Fantasiefreund taugt übrigens auch als Verbündeter der Eltern, wenn das Kind ihn als eine Art Sprachrohr nutzt, um etwa doch zu verraten, dass es fürchterliche Angst vor dem neuen Hund der Nachbarn hat.

Hat man sich gerade an den neuen Familiengenossen gewöhnt, kann es aber passieren, dass man sich vom einen auf den anderen Tag wieder verabschieden muss. Dann hat er seine Schuldigkeit getan und wird unsichtbar – diesmal aber richtig.

10.

Rund ums Geld

Die größten Schätze kleiner Kinder haben oft nur einen ideellen Wert, aber das macht nichts. Schließlich sollen weder die magische Muschel (Schleck-Überrest aus dem Süßigkeitenregal) noch die mächtigste Waffe der Welt (knorriger Ast aus dem Park) gegen andere Dinge eingetauscht werden. Wieso auch, ihr Wert für das Kind ist unermesslich. Mit der Gabe, monetär völlig zu vernachlässigende Gegenstände zu persönlichen Schätzen aufzuwerten, kämen Kinder eigentlich zumindest bis zum Taschengeldalter ohne Einkommen gut durchs Leben. Wäre da nicht die Spielwarenindustrie, die längst erkannt hat, dass sich mit Holz aus dem Wald keine Kohle machen lässt. Also erschafft sie ganze Welten rund um ihre Produkte (Lego etwa beherrscht das meisterhaft), feuert das Merchandising mit Filmen, Serien, Handyspielen an und legt so die Köder aus. Und die Kinder beißen an. Gerade haben sie sich die Harry-Potter-Themenwelt-Hütte erbettelt, da kommt der neue Clone-Wars-Flieger raus. Oder war es der Ninjago-Flitzer? Eltern verlieren da schnell den Überblick, die Kontrolle über die Finanzen womöglich ebenso. Denn billig ist das alles nicht.

Mit den Jahren wächst bei den meisten Kindern aber zum Glück die Einsicht, dass sie aus finanziellen Gründen leider nicht immer alles haben können, was sie wollen (und sie wollen viel). Clevere Kerlchen wissen sich trotzdem zu helfen, ohne den baldigen Bankrott der Eltern heraufzubeschwören.

»Ich wünsch mir Lego-Star-Wars vom Christkind.« – »Das ist aber ganz schön teuer.« – »Deswegen ja!« *Michael, vier Jahre*

Ein Glück, dass die Erfüllung der sehnlichsten Wünsche im Advent rasant näher rückt.

»Es ist gut, dass die Tage vor Weihnachten so kurz sind, dann muss man nicht so lange warten.«
Paul, acht Jahre

Hat das Christkind aber offenbar die Wunschzettel vertauscht und ähnliche, jedoch günstigere Geschenke gebracht, hilft es nichts – den finanziellen Unterstützern muss nun die korrekte Richtung gewiesen werden: Nur Bares ist Wahres!

Die Oma will dem Kind was ins Sparschwein geben und zückt einen Fünf-Euro-Schein. Daraufhin Otto:
»Ich möchte lieber Geld, keinen Gutschein.«
Otto, fast vier Jahre

Hier wurde richtig erkannt: *Money makes the world go round*. Schließlich bekommt man für Geld fast alles. Sogar Geld.

»Mama, wir müssen noch auf die Sparkasse: Geld einkaufen!« *Katrin, vier Jahre*

Umso rührender, wenn sich selbst die Kleinsten schon darum kümmern, dass jeder, wirklich jeder mit ausreichend Barem versorgt ist.

Morgens um halb acht im Auto, auf dem Weg in den Kindergarten geht es vorher noch schnell zur Bank:
»Mond fährt mit. Mond braucht auch Geld.«
Jason, zwei Jahre

Sind diese Zusammenhänge erst erkannt, müssen Eltern damit rechnen, dass ihre regelmäßigen Absenzen in der Familie, welche sie mit der billigen Ausrede »wir müssen arbeiten« erklären, künftig infrage gestellt werden.

»Papa, wieso gehst du nicht zu diesem Automaten, wenn du Geld brauchst? Der spuckt immer ganz viele Scheine aus.« *Eileen, vier Jahre*

Falls der Automat mal streikt, gibt es wesentlich kreativere Beschaffungsvarianten als regelmäßige Erwerbstätigkeit.

»Mama, soll ich dir erklären, wie man Falschgeld macht? Da muss man fragen, ob man Papier aus dem Drucker nehmen darf, und dann schneidet man es aus. Dann malt man es an und schreibt Zahlen drauf. Weiches Holz geht auch. Fertig. Aber warum manche damit einkaufen gehen, versteh ich nicht.« *Luisa, fünf Jahre*

Zumindest bei den Einkaufsmöglichkeiten im Kinderzimmer wird Falschgeld jeder Art akzeptiert. Und verteilt.

Micha hinter der Theke seines Spiel-Kaufladens: **»Papa, wenn du bei mir einkaufst, kriegst du Rückgeld und Vorgeld.«** *Micha, drei Jahre*

Ab einem gewissen Alter wollen Kinder ihr Geld nicht mehr selbst ausschneiden und fallen wie ihre elterlichen Vorbilder dem Übel des Kapitalismus anheim. Wobei die junge Generation das System bereits in den Anfängen aushebelt.

Der Sohn will arbeiten, am liebsten Pakete ausfahren. Oder Briefe mit dem Rad austragen, die sind leichter als Pakete. **»Da würd' ich auch ein bissl Geld bekommen, oder?« – »Ja, sogar relativ viel. Ungefähr zehn Euro pro Stunde.« – »Echt? Cool … dann radel ich ganz langsam!«** *Tilo, acht Jahre*

Letztlich, das ahnen schon die Kleinsten, zählt nicht nur Geld im Leben, obwohl es dieses durchaus entspannter machen kann. Um sich aber auf das Wesentliche – Liebe, Freundschaft, Familie, Überleben – zu konzentrieren, hilft es, beim Rahmenvertrag des menschlichen Daseins das Kleingedruckte zu lesen, Unterpunkt 536, § 23b:

»Der Tod ist eine tödliche Gefahr!« *Anja, fünf Jahre*

Extra: Warum Kinder Taschengeld brauchen
Fünf Antworten rund um die Gehaltsverhandlungen im Kinderzimmer

1. »Wir zahlen unserem Kind doch alles, da braucht es kein Taschengeld!«
Mit der Einschulung wird es Zeit fürs eigene Geld. Erst in bescheidenem Rahmen: 1 Euro bis 1,50 Euro

pro Woche empfiehlt das Deutsche Jugendinstitut für Sechsjährige. Sich die ersten Wünsche selbst erfüllen zu können, die Qual der Wahl zu haben zwischen Bubblegum, Gummibärchen und Fußballkarten: Das sind kleine, feine Schritte in Richtung Eigenverantwortung. Wer nie selbst Geld ausgeben darf, weiß auch nicht, wie schnell sich ein Geldbeutel wieder leert. Ab zehn Jahren können sich Kinder schon etwas größere Summen selbst einteilen: Das Taschengeld gibt es dann monatlich. Bei 15 bis 18 Euro liegt die Empfehlung für Zehnjährige, 45 bis 60 Euro im Monat dürfen es für 17-Jährige sein, natürlich immer abhängig von der finanziellen Situation der Familie und von den Investitionen, die mit dem Taschengeld zu bewältigen sind: Muss damit auch die Fahrkarte finanziert werden, die neuen Socken und das DIN-A4-Heft in Lineatur 328 samt hellviolettem Umschlag? Für solche Ausgaben empfiehlt es sich ohnehin, ein eigenes Budget zu vereinbaren, unabhängig vom frei verfügbaren Taschengeld. Gezahlt werden sollte pünktlich und ohne dass die Kinder betteln müssen: Das ist der elterliche Beitrag zum Thema Verlässlichkeit.

2. »Aber über das Taschengeld auch noch verhandeln – das muss doch nicht sein!«

Nein, es muss nicht sein, natürlich können Sie einfach bestimmen, wie viel Geld jede Woche oder jeden Monat ins Sparschwein oder aufs Konto Ihres Kindes kommt. Aber die Höhe einmal im Jahr neu auszuhandeln, hätte für beide einen Mehrwert: Das Kind erfährt, dass sich mit guten Argumenten durchaus etwas erreichen lässt. Und die Eltern bekommen einen Einblick, was ihrem Kind beim Thema Geld wichtig ist – inklusive der Chance, die eigenen Werte rund ums Finanzielle zu vermitteln und gegebenenfalls über die monetäre Lage der Familie zu sprechen. Die Taschengeldtabellen der Jugendämter sind ein guter Verhandlungsrahmen – es wird schon nicht gleich zum Warnstreik kommen.

3. »Mein Kind kauft sich nichts Sinnvolles von seinem Taschengeld, sondern nur Süßigkeiten und Plastikschrott!«

Das müssen Eltern aushalten. Was eine sinnvolle Ausgabe ist, liegt immer im Auge des Betrachters. Und manchmal muss es eben ein Glitzer-Einhorn sein, trotz akutem Kitschalarm. Über ihr Taschengeld sollten Kinder frei verfügen dürfen. Dafür haben sie sogar das Bürgerliche Gesetzbuch auf ihrer Seite. Laut Paragraph 110 sind sie ab sieben Jahren zwar zunächst nur »beschränkt geschäftsfähig«. Trotzdem sind ihre Einkäufe rechtskräftig, wenn sie im Taschengeldrahmen liegen, auch ohne Zustimmung der Eltern. Und seien Sie ehrlich: Gönnen Sie sich nicht manchmal etwas, was bei Licht betrachtet nicht unbedingt sinnvoll und notwendig ist?

4. »Mein Kind ist immer schon zur Monatsmitte pleite!«

Da heißt es hart bleiben, selbst wenn große Kinderaugen flehend schauen und die Freunde natürlich alle! immer! viel mehr! Taschengeld bekommen. Sonst wäre doch der ganze Lerneffekt des Taschengeld-Einteilens dahin. Aber sprechen Sie mit Ihrem Kind, warum das Geld nie reicht, verraten Sie ihm ein paar Geheimnisse der Budgetplanung. Vielleicht hilft es, eine Zeit lang zur wöchentlichen Auszahlungsweise zurückzukehren. Und verweisen Sie ansonsten auf die nächste Verhandlungsrunde.

5. »Mein Kind ist so schlecht in der Schule, ich muss ihm wohl das Taschengeld kürzen!«

Nein, bitte nicht. »Taschengeldentzug ist keine geeignete Strafmaßnahme«, heißt es in der Studie »Taschengeld und Gelderziehung« des Deutschen Jugendinstituts. Es geht nicht darum, Leistung zu bezahlen, sondern darum, den Kindern die Möglichkeit zu geben, den Umgang mit Geld zu lernen, und zwar mit einem fixen, planbaren Betrag. Diese aus Kindersicht natürlich nur begrüßenswerte Haltung hat allerdings eine Kehrseite: Taschengeld sollte, so raten die Experten, »auch nicht als Belohnung eingesetzt werden«.

11.

Fragen, die die Welt (bisher noch nicht) bewegen

Eltern mit Kindern in der Warum-Phase, die vom ersten verstehbaren Wort bis zur Nestflucht dauern kann (»Warum dürfen alle anderen mehr als ich?«), weisen alle dieselben Symptome auf – und mit jedem Wieso?, Weshalb?,

Warum? werden sie schlimmer. Es fängt mit nervösem Blinzeln und ausweichenden Blicken an, die Atmung wird schneller, Schweißperlen treten auf die Stirn, manche Mütter und Väter machen unbewusst ein paar Schritte rückwärts, bis sie schließlich entweder eine themenabgewandte Gegenfrage stellen (»Willst du ein Eis? Ein Pferd?«) oder ausrufen: »Ich muss weg!« Hochdekorierte Mediziner schließen daraus: Kinder haben tatsächlich die irritierende Fähigkeit, ein Loch in den Bauch zu fragen.

Wer sich wegen der Aufsichtspflicht leider nicht absetzen und auch sonst keine erfolgreiche Ablenkungsstrategie vorweisen kann, muss sich damit abfinden: Versiegen die Antworten, gilt man als hohle Nuss. Dabei ist es durchaus legitim, die Wissensdurstigen auf später zu vertrösten. Obgleich Eltern zumindest in den ersten Lebensjahren für ihren Nachwuchs wahre Helden sind, können weder Supermom noch Superdad alles wissen. Aber alles nachschauen. Leider funktionieren die Übersetzungsfunktionen selbst bei den besten Suchmaschinen nur so mittelgut – und die Option »in kindgerechter Erklärung anzeigen« fehlt ganz. Eindeutig eine Marktlücke. Wieso ist da bisher keiner drauf gekommen. Hm, weshalb nur? Warum?

Doch zurück zum Thema. Die Fähigkeit, möglichst sinnvoll selbst auf sinnfreie Fragen zu antworten, ist auch von der Uhrzeit abhängig. Früh am Morgen, wenn der Tag und man selbst mehr oder weniger freiwillig erwachen, sollten sich die Fragen jedenfalls auf das Wesentliche konzentrieren.

Morgens beim Aufstehen: **»Mama, weißt du noch, wie mich heißt?«** *Alina, zwei Jahre*

Nach dem ersten Kaffee kann es ans Grundsätzliche gehen: die ganz persönliche Schöpfungsgeschichte. Wir hätten übrigens gerne die Bauanleitung!

»Mama, warst du eigentlich dabei, als ihr mich gebaut habt?« *Jürgen, vier Jahre*

Das Mittagessen stärkt genug, um unangenehme Wahrheiten aushalten zu können.

»Mama, was ist eigentlich das Schlimmste in diesem meinem Kinderleben?« *Julius, fünf Jahre*

Am Nachmittag ist die Zeit der Entscheidung gekommen.

»Magst du lieber Deutschland oder aufs Klo gehen?« *Laura, sechs Jahre*

Und gegen Abend findet sich ein passender Moment, um sich mit der Endlichkeit des Seins zu beschäftigen.

»Wenn es Lebewesen gibt, gibt es dann auch Sterbewesen?« *Lenz, vier Jahre*

Nun aber Schluss mit den negativen Schwingungen. Fröhlich bleibt, wer der Gegenwart gute Seiten abgewinnen kann.

»Ich bin zwei, aber auch schon ein bisschen fünf.«
Johanna, zwei Jahre

Ist die Zukunft vielversprechend, lässt sie sich kaum abwarten.

Wenn für den kommenden Tag etwas Schönes angekündigt wurde: **»Ist heute morgen?«** *Tim, vier Jahre*

Andere Dinge, die der weitere Lebensweg zu bieten hat, können aber getrost ausgeblendet werden.

Morgens auf dem Weg in die Kita: **»Komm, heute müssen wir uns beeilen!« – »Warum?« – »Weil ich gleich ein Meeting habe!« – »Was ist ein Meeting?« – »Hm, wie erkläre ich dir das?« – »Ist das so was wie Singkreis?«** *Arthur, vier Jahre*

Weitaus schwerer zu erklären ist, woher eigentlich diese Politiker stammen. Eines ist klar: weder vom Mars noch von der Venus!

Im Fernsehen läuft ein Bericht zu den Nationalratswahlen in Österreich 2019. Matthias fragt beim Anblick der ÖVP-Parteizentrale mit türkiser Beleuchtung: **»Sind Politiker im Weltall?«** *Matthias, vier Jahre*

Da bleiben wir lieber unter dem Boden der Tatsachen. Auch in der Metro führen richtige Fragen zur Selbsterkenntnis.

Beim Warten auf die U-Bahn: **»Woher weiß eigentlich die Minutenanzeige, wann die U-Bahn kommt? Wahrscheinlich schaut sie in den Tunnel und sieht es. Eigentlich weiß ich es nicht. Ich bin schließlich keine Minutenanzeige.«** *Jan-Eric, vier Jahre*

Dabei spielt der Zeitfaktor im Leben doch eine so große Rolle!

»Sind fünf Tage länger als zwölf Autos?« *Liam, dreieinhalb Jahre*

Andere, leicht veraltete Technik erschließt sich nicht so leicht. Da bewahrheitet sich wieder: Nachfragen bildet!

In der Fußgängerzone völlig entgeistert: **»Mama, was ist DAS denn??!« – »Was denn?« – »Das da mit den Knöpfen.« – »Welche Knöpfe?« – »Und dem Hörer!!« – »Ach mein Kind, das ist eine Telefonzelle.«** – Belustigt: **»Hä?? Wofür braucht man denn so was?«** *Magdalena, fast vier Jahre*

So manche Antwort erweitert nicht nur das Wissen, sondern beeinflusst möglicherweise die Wahl des nächsten Urlaubsortes.

»Mama, ist in der Ostsee Salzwasser oder Zuckerwasser?« *Jonathan, vier Jahre*

Nach dem ausgiebigen Bad samt Wasserschlucken in der Zuckersee sollte beim nächsten Einkauf die Zahnpasta nicht vergessen werden. Allerdings: Abgabe nur in handelsüblichen Mengen!

Papa packt den Einkauf aus. Henri hilft wie immer mit. Auf der Tube der Zahnpasta für Kinder prangt ein lächelnder Biber mit überdimensionalen blitzblanken Vorderzähnen. **»Ist das ein Hamsterkauf, Papa?«** *Henri, drei Jahre*

Wird die Dentalhygiene vernachlässigt, kann es sein, dass Senioren nicht mehr alle Zähne im Mund haben. Wie sollen sie dann noch durchblicken?

Ein Gespräch über Zahnersatz. Mama erzählt, dass die Oma ein Gebiss hatte, das sie abends immer herausnahm und in ein Glas legte. **»Aber wie konnte sie dann sprechen?« – »Na ja, nachts musste sie ja nicht sprechen.« – »Ach ja … Aber wie konnte sie dann abends im Bett noch lesen?«** *Noelani, vier Jahre*

Apropos durchschauen: Selbst kürzestes Ausruhen der Augen erregt Aufmerksamkeit.

Papa spielt mit seinem Sohn, ist aber vollkommen übermüdet. Ihm fallen die Augen zu. **»Papa, kannst du überhaupt spielen, wenn deine Augen fast zu sind?«** *Hendrik, vier Jahre*

Vielleicht war einfach die Wahl des Spiels nicht so mitreißend. Bei Schach hingegen ist noch keiner eingeschlafen. Wie auch – der Traktor ist einfach zu laut.

> Ein neues Schachbrett steht auf dem Tisch. Noel: **»Was kann der Bauer?« – »Der kann immer nur einen Schritt vorgehen.« – »Kann der auch Trecker fahren?«** *Noel, zwei Jahre*

Der Bauer könnte vielleicht wenigstens diese landwirtschaftliche Spezialfrage beantworten. Denn wir sind damit überfragt.

> **»Was ist das Gegenteil von Pferd?«** *Liam, dreieinhalb Jahre*

Extra: Warum Kinder so viel fragen

Interview

»Kinder wollen wissen, wie die Welt um sie herum funktioniert«

Wieso, weshalb, warum? Kinder haben viele Fragen und Eltern nicht immer eine Antwort. Aber müssen sie das überhaupt? Und wie wichtig ist die kindliche Neugier? Ein Gespräch mit Markus Peschel, Professor für Didaktik des Sachunterrichts an der Universität des Saarlandes in Saarbrücken, wo er auch die Kinderuni organisiert (www.kinderuni.saarland).

Ab wann fangen Kinder an, fragend die Welt zu erkunden?

Markus Peschel: Eigentlich im Mutterleib: Schon dort richten sie sich zum Beispiel nach Musik aus, nehmen Stimmen wahr und versuchen Eindrücke der Umwelt aufzunehmen. Oder denken Sie an Babys, die immer wieder den Schlüssel oder den Schnuller fallen lassen, den man ihnen in die Hand gibt. Das ist schon eine Form, die Welt zu erkunden. Die Kinder probieren aus, ob der Gegenstand beim nächsten Versuch abermals nach unten fällt – oder vielleicht doch mal nach oben. Kinder bauen sich auf diese Weise ein Konstrukt der Welt auf, in der für sie vieles noch unbekannt ist, und differenzieren das zunehmend aus.

Und je älter die Kinder werden, umso komplizierter werden die Fragen?

Für uns klingt es kompliziert, wenn Kinder nach dem Sinn des Lebens fragen, nach dem Universum oder nach dem Anfang und dem Ende des Himmels. Für die Kinder ist es eine Warum-Frage wie andere auch. Kinder kommen sehr schnell zum Kern, verorten sich in dieser Welt und wollen wissen, wie die Welt um sie herum funktioniert.

Und wie lautet die korrekte Antwort auf eine für uns Erwachsene so komplizierte Frage?

Das Falscheste, was man machen kann, ist eine schnelle, allein fachbezogene – und oft dann auch noch falsche – Antwort zu geben. Wichtiger ist, zunächst einmal zu verstehen, was das Kind mit seiner Frage meint, oder entsprechend nachzuhaken. Wir müssen aufpassen, dass wir den Kindern nicht den Eindruck vermitteln, die Welt sei leicht erklärbar, denn das ist sie nicht. Auch Schule suggeriert, dass es immer einen gibt, der die Antwort hat, nämlich die Lehrperson. Aber Schule muss hungrig machen und nicht satt. Schule muss nicht Antworten geben, sondern das Forschen unterstützen. Das Entscheidende ist die Auseinandersetzung mit der Frage oder den Fragen der Kinder. Denn auf die wirklich essentiellen Fragen gibt es nur sehr schwer Antworten.

Allerdings lassen sich Antworten auf weniger philosophische Fragen dank Internet sehr schnell finden. Nimmt das Kindern den Forscherdrang?
Nicht unbedingt. Kinder müssen ja auch lernen, dass das Internet gemacht ist, und zwar zu einem überwiegenden Teil von Menschen. Jemand hat das geschrieben, was dort als Antwort gefunden werden kann. Und dann gilt es herauszufinden, wie die Expertise hinter diesem Beitrag ist. Ist die Quelle gut? Gibt es eine zweite Quelle? Das müssen Kinder ebenfalls lernen.

Was können Eltern tun, damit Kinder ihre Neugier und Wissbegier behalten?
Sie können mit ihnen gemeinsam überlegen, wie man

zu einer Erkenntnis gelangen kann, wo sich Informationen finden lassen, wer als Experte infrage kommt. Manchmal entwickelt sich eine Frage im Laufe der Zeit und verändert sich, und dann braucht man wieder neue Experten. Dinge gemeinsam zu beobachten, ist vor allem bei naturwissenschaftlichen Fragen ein guter Weg. Erkennt oder sieht man wirklich dasselbe? Und welche Schlüsse lassen sich daraus ziehen? Mit solchen Impulsen können Kinder an ihren eigenen Fragen gut arbeiten. Manchmal sind die Eltern aber auch gar nicht als Gesprächspartner gefragt. Lassen Sie die Kinder einfach forschen, bis sie eine Antwort haben. Die suchen sich schon jemanden, von dem sie glauben, dass er oder sie ihnen gerade helfen kann.

12.

(Übernatürliche) Erkenntnisse und andere Entdeckungen

Kinder verkörpern den Idealtypus eines Wissenschaftlers, bis ihnen die Schule ihre naturkundliche Neugier verleidet, weil der Lehrplan Wissen und Erkenntnisse in Formeln, Fächer und Noten presst. Wer trotzdem seinen spielerischen Entdeckertrieb bewahren kann, ist ein guter Kandidat, um endlich ein Mittel gegen medizinische Geißeln der Menschheit zu finden sowie einen Weg zur sozialen Gerechtigkeit weltweit – und nach Feierabend noch ein Perpetuum mobile zu konstruieren.

Damit Kinder zu echten Forschern, gefeierten Designern oder wenigstens begnadeten Uhrmachern heranreifen, brauchen sie Eltern, die sie unterstützen. Und gewähren lassen. Die sich schmerzhaft in die Knöchel der geballten Faust beißen, statt sich und den pädagogischen Auftrag völlig zu vergessen, nur weil das neue Notebook entkernt und großflächig im Wohnzimmer verteilt ist. Oder weil die Armbanduhr, die laut Werbeversprechen noch an die Ururururenkel hätte weitervererbt werden können, ebenfalls dem kindlichen Forscherdrang unreparierbar zum Opfer fiel. Wenn Eltern in solchen Situationen an sich halten, ebnen sie ihrem Nachwuchs den Weg in eine goldene Zukunft. Oder sie werden selbst kreativ, verstauen funktionierende Technik in gut abschließbaren Verstecken und organisieren Technikschrott zum Zerlegen, dem garantiert niemand mehr eine Träne hinterherweint.

Neulich berichtete in einem Interview jemand, der nicht nur seinen erfolgreichen Platz im Leben gefunden hat, sondern dabei auch zur Berühmtheit wurde, er habe als Kind tote Tiere aus dem Wald mitgenommen und in der Tiefkühltruhe seiner Mutter lagern dürfen. Dies sei eine Grundlage seines Erfolgs gewesen. Der Name des prominenten Wissenschaftlers oder Künstlers tut hier zum Glück nichts zur Sache, denn er ist uns leider entfallen. Wahrscheinlich deshalb, weil unser Hirn völlig mit der Frage beschäftigt war: Wie hätten wir auf den glücklich strahlenden Sohn mit den halb verwesten Kadavern in der Hand reagiert? Wären wir bereit gewesen, auf der Suche nach schnellen Mittags-Pommes erst einmal Eichhörnchen ohne Schwanz und kopflose Ratten zur Seite zu schieben? Ehrlich gesagt: ziemlich sicher nicht.

Aber ein Gedanke hat sich doch festgesetzt: Nächstes Mal nicht gleich Nein zu sagen, wenn uns ein kindliches Anliegen eher sinnfrei erscheint, und für den Forscherdrang auch mal beide Augen zuzudrücken. Nur der plattgefahrene Igel, der wird weiterhin seine letzte Ruhe im Straßengraben finden und nicht in unserem Kühlschrank. Unsere Kinder werden bestimmt eine andere Nische im Berufsleben finden. Die Welt können sie von dort aus immer noch retten.

Naturwissenschaftlich gesehen

Um unser Leben zu bewahren, um es gesünder oder wenigstens bequemer zu machen, müssen junge Forscher das Offensichtliche infrage stellen. Und sie sollten die zehn Gebote der Wissenschaft kennen. Hier das erste: Sieh genau hin, ganz genau.

Die Kinder spielen mit Steinen. **»Die schauen alle ganz verschiedenlich aus.«** *Emilia, sechs Jahre*

Das zweite Gebot lautet: Übertrage Erkenntnisse auf den Alltag.

> Philipp lümmelt beim Abendessen am Tisch herum. Mutter: **»Setz dich gerade hin.«** Sohn: **»Geht nicht, die Erde ist gekrümmt.«** *Philipp, sieben Jahre*

Gebot Nummer drei: Lass andere an deinem Wissen teilhaben. Ob sie wollen oder nicht.

> **»Ich versuch ja immer, der Lucia das zu erklären.« – »Ja, was erklärst du ihr denn so?« – »Dass es keine Feen gibt und keine Elfen und keine Kobolde. Nur die Zahnfee, die gibt's in echt, weil die bringt ja Geschenke.«** *Noelani, fünf Jahre*

Gebot vier: Die Flugtüchtigkeit jeglicher Himmelsobjekte ist nicht infrage zu stellen.

> **»Mama, schau, der Mond kann fliegen!«** *Lupine, zwei Jahre*

Gebot Nummer fünf: Erkenne den Kreislauf des Lebens (und Sterbens) und unterstütze ihn, wo es nur geht.

> Maria schleudert einen verletzten Regenwurm fürsorglich ins Blumenbeet: **»Da kann er jetzt gemütlich sterben.«** *Maria, vier Jahre*

Sechstes Gebot: Halte dich an das, was wirklich zählt im Leben. Zum Beispiel angewandte Mathematik.

> **»1, 5, 8, 11, 15 und dann ist Wochenende!«** *Laura, drei Jahre*

Gebot sieben: Suche nach Orientierung – und setze dabei nicht allein auf das Moos am Baumstamm.

> Carla: **»Guck mal, Papa! Auf der einen Seite vom Arm ist Jonas viel brauner als auf der anderen Seite.«** Ihr Bruder Jonas: **»Ja, daran kann man erkennen, wo Westen ist!«** *Carla, acht Jahre, und Jonas, sechs Jahre*

Gebot Nummer acht: Erkenne deine Grenzen.

> **»Mein Zauberstab funktioniert hier im Wald nicht. Der hat da kein Internet!«** *Johanna, vier Jahre*

Neuntes Gebot: Scheue dich nicht, selbst die letzten Fragen zu klären.

> Kind, nachdenklich beim Grillen zum Grillmeister: **»Du, wenn du mal stirbst, tun wir dich dann auch in den Komposteimer?«** *Basti, fünf Jahre*

Gebot zehn: Nutze die Wunder dieser Welt für deine Zwecke!

»Wenn ich ein viereckiges Kleeblatt finde, krieg ich das Klebebuch!« *Mila, sieben Jahre*

Auch jenseits der Wissenschaften und ihrer Gebote beschäftigt viele Menschen die Frage, ob ein Glas halb voll oder halb leer ist. Leider vergessen sie darüber völlig das Glas an sich, welches wiederum ganz andere alltagsphilosophische Ansätze bietet.

»Ein Glas besteht aus Scherben.« *Alexander, drei Jahre*

Nicht alles lässt sich so schnell klären. Forscher rätseln etwa immer noch, was das »Maulsperren-Syndrom« verursacht: Immer mehr Kindergarten-Kinder stehen mit weit geöffnetem Mund im Kindergarten-Garten, anstatt mit Kindergarten-Spielzeug zu spielen. Mysteriös!

Linus hat einen Melonenkern verschluckt. Mama sagt spaßeshalber, dass in seinem Bauch jetzt eine Melone wachsen könnte. Linus gibt zu bedenken, dass es in seinem Bauch dafür ja viel zu dunkel sei. Kurze Denkpause: **»Aber wenn ich meinen Mund offen stehen lasse, kommt schon Licht rein!«** *Linus, vier Jahre*

Da ist es einfacher, sich einem Thema zuzuwenden, bei dem jeder mitreden kann. Dem Wetter.

Frühmorgens im Herbst, Nebel wird zu Raureif. Lili

schaut aus dem Fenster und ruft: **»Mama, Mama, schau mal! Die Bäume sind beschlagen!«** *Lili, vier Jahre*

Wer wie auf Wolken wandeln will, braucht allerdings Hilfsmittel.

Gruppenausflug aufs Nebelhorn, in der Gondel auf dem Weg nach oben. Burak blickt auf die Bergspitze und fragt aufgeregt: **»Kann man dann da die Wolken anfassen?«** *Burak, neun Jahre*

Auch deren Herstellung hat sich seit der Industrialisierung stark gewandelt. Der Marktführer soll gerade an der Herstellung von Schäfchen-Wolken mit Zuckerwatte-Geschmack tüfteln.

Lucas sieht vom Auto aus einen hohen Industriekamin, der gewaltige weiße Rauchsäulen ausstößt. **»Oh, schau mal, Mama, da werden die Wolken gemacht!«** *Lucas, drei Jahre*

Der Produzent von hochelastischen Gewitterwolken-Verbindungsbändern ist zum Glück weniger geschäftstüchtig. Mehr Donner und Doria brauchen wir nun wirklich nicht.

»Mama, weißt du, warum es donnert? Beim Gewitter schneidet der Blitz die Wolken auseinander,

und wenn sie wieder zusammengehen, dann kracht das so!« *Liam, acht Jahre*

Und wenn sich doch ein Unwetter ankündigt? Sperrt man es einfach aus.

Ein Gewitter rollt an, und Joscha hat ein bisschen Angst, möchte aber unbedingt noch kurz mit Papa hinaus. Das Gartentor will er selbst schließen und prüft dreimal, ob es richtig zu ist. Papa: **»Warum ist das so wichtig?« – »Damit der Donner nicht in den Garten kann.«** *Joscha, zwei Jahre*

Die Dinosaurier hatten dereinst wohl zwar das Gartentor geschlossen, aber vergessen, zurück ins Haus zu gehen.

»Ich weiß, warum die Dinosaurier gestorben sind: Es ist ein großer Stein auf die Erde gefallen, das hat so gewackelt, dass alle umgefallen sind.« *Liam, sieben Jahre*

Zumindest ein Mensch wird ihre Gesellschaft schmerzlich vermisst haben.

Runa beim Abendessen: **»Das war früher, als es noch keine Menschen gab, nur Adam bei den Dinosauriern.«** *Runa, fünf Jahre*

So bleibt es wohl dabei, dass selbst die besten Wissenschaftler und Mediziner diese Frage nie werden beantworten können:

> **»Tut es weh, wenn sich der Brachiosaurus auf die Zunge beißt?«** *Matthias, vier Jahre*

Glauben, Hoffen und mehr Übernatürliches

Nicht alles lässt sich durch Beobachtung und Rückschlüsse erklären. Selbst hochdekorierte Forscher meinen schließlich: Da muss es doch mehr geben im Universum. Und was war eigentlich vor dem Urknall? Leider legt sich der liebe Gott ganz schön ins Zeug – nicht um einen guten Eindruck zu machen, das hat er ja mit der Schöpfung erledigt. Nein, um möglichst keine Spuren zu hinterlassen. Nicht einmal Geruchsspuren. Wahrscheinlich nutzt er ein Mundspray.

> Ein Sturmtief wütet, die Familie ist zu Fuß auf dem Nachhauseweg. Ulrike: **»Boah, ist das windig! Der liebe Gott hat aber viel Kraft! Hmm … aber es riecht gar nicht nach Mundgeruch … nur nach stinkigen Autos. Und die kommen ja von den Menschen!«** *Ulrike, acht Jahre*

Für Kinder hat der Herrgott bei der Schöpfung das eine oder andere Extra springen lassen.

Raphael hat im Wald eine Höhle entdeckt: **»Das hat der Gott so schön gemacht, damit Kinder Spaß haben können.«** *Raphael, sieben Jahre*

Während es noch keinen Beweis für die Existenz der Hölle samt wärmendem Fegefeuer gibt, sind himmlische Dinge naheliegend.

Die Familie geht spazieren, die Kinder toben vorneweg. Plötzlich bleibt Lili stehen, zeigt mit dem Finger in die Luft und sagt ernsthaft: **»Mama, an meiner Fingerspitze fängt der Himmel an, gell?«** *Lili, fünf Jahre*

Im Gotteshaus selbst nutzen die kirchlichen Vertreter auf Erden die gesamte Bandbreite der Special Effects.

Zum ersten Mal in der Christmette, unter dem Eindruck der festlich beleuchteten Kirche: **»Papa, ist das ein Zirkus?«** *Caroline, drei Jahre*

Besonders eindrucksvoll: die Akustik.

Die Familie besichtigt eine Kapelle. Konrad beim Anblick der Glocken für die Wandlung: **»Darf ich auch mal Hokuspokussimsalabim machen?«** *Konrad, vier Jahre*

Egal, wer die Töne fabriziert – vor allem am Sonntag ist einiges geboten.

Sonntagmorgen, die Kirchenglocken läuten. **»Mama, der Himmel klingelt!«** *Nike, drei Jahre*

Wir wissen es alle: Am Himmel leuchten die Sterne. Daraus ergibt sich eine ganz logische Konsequenz.

»Mama, ist der liebe Gott eigentlich von *Star Wars*?« *Nelson, vier Jahre*

Für die Reise hinauf sind technische Hilfsmittel gestattet – damit muss die Geschichte der Düsenjäger neu geschrieben werden. Sie reicht weiter zurück als gedacht.

An Christi Himmelfahrt: **»Der kann nicht so in den Himmel geflogen sein. Er hatte bestimmt eine verdeckte Düse.«** *Julius, sechs Jahre*

Auf anderen technischen Schnickschnack hingegen können sowohl natürliche als auch göttliche Phänomene verzichten.

Während der Feuerwehrspielphase: **»Regen braucht keine Atemschutzmaske. Gott auch nicht.«** *Julius, vier Jahre*

Manchmal scheint das Göttliche näher als gedacht.

Samuel hat eine drängende Frage zu seiner sechs Monate alten kleinen Schwester: **»Mama, ist die Marlene der liebe Gott?« – »Wieso?« – »Weil sie**

nachts immer aufbleibt. Oder ist sie ein Nachtfalter?« *Samuel, vier Jahre*

Ein Outfit kann signalisieren: Ich bin einer von euch. Aber selbst für Götter gilt, dass man sich nicht leichtfertig über die bewährte Kleiderordnung hinwegsetzen sollte.

Ulli darf zum ersten Mal mit zur Messe, in die Kirche zum »lieben Gott«, so erklären es ihm seine Eltern. Der Stadtpfarrer ist auch Religionslehrer an der Schule, in der Ullis Mutter unterrichtet. Auf Fotos vom Lehrerausflug ist er in Wanderkleidung mit Bundhose zu sehen. Als er die Bilder sieht, fängt Ulli an zu lachen und kann gar nicht mehr aufhören, sich zu amüsieren. **»Guckt mal«,** ruft er, **»der liebe Gott in Hosen!!«**
Ulrich, drei Jahre

Doch seien wir ehrlich: Höchstpersönlich zeigt sich Gott eher selten. Und damit wäre die Frage dieses jungen Kirchgängers beantwortet:

»Mama, warum heißt unsere Kirche ›Gott-sieht-man-nicht-Kirche‹?« (gemeint war die Gethsemane-Kirche) *Mats, fünf Jahre*

Gott verzeiht vieles, man sollte seine Nachsicht jedoch nicht überstrapazieren.

Jannec hat im Kindergarten ein neues Lied gelernt und

singt voller Inbrunst: **»Vom Aufgang der Sonne bis zu ihrem Niedergang sei gelogen im Namen des Herrn, sei gelogen im Namen des Herrn!«** *Jannec, drei Jahre (Für Weihnachtskirchgänger: Richtig müsste es heißen: »Sei gelobet der Name des Herrn, sei gelobet der Name des Herrn!«)*

Schon die Kleinsten kommen bei der Beschäftigung mit Religion nicht an der Frage vorbei, was eigentlich nach dem Tod zu erwarten ist.

Im katholischen Kindergarten wird darüber geredet, dass nach dem Tod die Seele in den Himmel steigt. Zu Hause überlegt der Sohn: **»Kommen alle Menschen in den Himmel?«** Mama: **»Die Seelen kommen in den Himmel, aber nur von den guten Menschen.« – »Und was passiert, wenn im Himmel kein Platz mehr ist?** *Philipp, fünf Jahre*

Uromas und Uropas haben ihr Ticket nach oben auf jeden Fall sicher.

Louis betrachtet ein Foto, auf dem er zusammen mit seiner Uroma zu sehen ist. Sie starb, als er zwei Jahre alt war: **»Wie bin ich denn in den Himmel gekommen?«** *Louis, vier Jahre*

Nicht in den Himmel gekommen, sondern als Ameise wiedergeboren worden? Das wird wohl seine Gründe haben.

»Karma heißt: Das hast du davon!« *Janne, neun Jahre*

Also lieber in der Bibel nachschauen, wie man es richtig macht im Diesseits, um ein angenehmes Jenseits nicht zu verspielen.

Papa: **»Kennst du eigentlich schon unser neues Märchenbuch? Das ist ganz dick und hat sogar tolle Bilder.«** Sohn: **»Ich will das Buch nicht. Die einzigen Märchen, für die ich mich interessiere, sind die von Gott und Jesus!«** *Laurin, fünf Jahre*

Was bei der Lektüre des Neuen Testaments bisher kaum jemandem aufgefallen ist: Jesus wuchs in einer Patchworkfamilie heran.

Um die Osterzeit fragt Niklas: **»Warum ist Jesus der Sohn Gottes und nicht der vom Josef?«** Dann gibt er selbst eine Antwort: **»Weil die sich getrennt haben?«** *Niklas, fast fünf Jahre*

Nicht jeder vermag der biblischen Botschaft etwas abzugewinnen. Vielleicht liegt's an den Protagonisten: Adam und Eva auf einen niedlichen Tyrannosaurus Rex treffen zu lassen statt auf die Schlange, wäre einen Versuch wert.

Jakob findet Religion in der Schule langweilig, man rede dort nur über alte Dinge. Seine Mutter wendet ein, dass er Dinos mag, obwohl sie »alt« sind. Jakobs prompte Antwort: **»Über die reden wir aber nicht, die sind ja nicht heilig.«** *Jakob, sechs Jahre*

Doch manchmal würde wahrscheinlich selbst das Einbeziehen von prähistorischen Reptilien nicht helfen.

Vor der Haustür steht ein Vertreter der Zeugen Jehovas. Die Tochter, ganz aufgeregt: **»Mama, Mama, da ist der Mann, den keiner will.«** *Milena, vier Jahre*

Tja, und irgendwann ist er da, der Moment, an dem erste Zweifel den Kinderglauben erschüttern. Gibt es ihn wirklich, den Nikolaus? Ach egal, Hauptsache, er bringt Süßigkeiten.

»Mama, der Nikolaus hat mir die Kekse gebracht, die wir im Supermarkt gekauft haben.« *Carina, drei Jahre*

Selbsterkenntnis ist der erste Schritt, wenn auch nicht immer zur Besserung

Mit dem Einblick in die Welten der Wissenschaft und des Glaubens ist die Grundlage gelegt für eine der wichtigsten

Einsichten im Leben: der Selbsterkenntnis. Wer im Leben vorankommen will, sollte seine Grenzen kennen. Auch seine körperlichen. Wir etwa haben einen Bauch, der nicht satt werden will, und Füße, die nicht mehr laufen mögen.

> **»Ich hab so ein Gehirn, wo man sich nix merken kann.«** *Matthias, vier Jahre*

Diese gewisse zerebrale Unordnung trägt dazu bei, dass wir uns oft nicht an Namen, Geburtstage oder Telefonnummern erinnern können.

> Mama: **»Kennst du dieses Lied?« – »Nein, aber ich muss mal sehen, ob es vielleicht in meinem Kopf versteckt ist.«** *Karl, vier Jahre*

Manchmal ist die Ablenkung durch die eigenen Gedanken einfach zu groß.

> Runa sitzt auf dem Heimweg vom Kindergarten still im Fahrradanhänger – und ist ganz überrascht, wie schnell die Fahrt vorbei ist: **»Manchmal, wenn ich viele Gedanken im Kopf habe, dann sehe ich nichts.«** *Runa, fünf Jahre*

Völlig auszuschließen ist, dass die Aufnahmefähigkeit aus einem anderen Grund eingeschränkt sein könnte. Wir sind nicht müde! Niemals!

»Ich bin nicht müde, ich hab nur gegähnt!« *Greta, drei Jahre*

Nicht nur Formel-1-Piloten wissen: Manchmal entscheidet die Ausrüstung über Sieg oder Niederlage. Und manchmal ist man leider ein Opfer widriger Umstände:

Papa: **»Du bist meine Prinzessin!«** Kind: **»Nein! Ich bin keine Prinzessin! Ich hab zu wenig Haare. Da fällt die Krone runter!«** *Vianne, zwei Jahre*

Hauptsache, man hat sein Lebensziel vor Augen. Jederzeit.

Leonard wacht mitten in der Nacht auf und sagt laut und voller Inbrunst: **»Ich muss unbedingt mal König werden!«** *Leonard, vier Jahre*

Sich selbst aus der Perspektive anderer sehen zu können, trägt zur guten Lebensplanung bei.

»Ich will später keine Kinder. Wenn man erwachsen ist, hören Kinder nie zu, wenn man redet.« *Leon, sechs Jahre*

Selbsterkenntnis ist zudem der erste Schritt zur Namenswahl.

»Ich bin ein kleiner Löwe und heiße Brüllchen.« *Alisa, vier Jahre, liebt Rollenspiele*

Andere Einsichten kommen erst mit den Jahren. Und nur Geduld: Das Alter lässt einen später schon noch spüren, dass man nicht mehr jung ist.

> Louisa an ihrem vierten Geburtstag: **»Ich spüre die vier gar nicht!«** *Louisa, vier Jahre*

Es gibt für alles ein erstes Mal. Jedes Jahr wieder.

> Mathilda kuschelt sich an ihrem Geburtstag morgens zu Mama ins Bett: **»Mama, das ist so ein komisches Gefühl, das fühlt sich so komisch an!« – »Was denn, mein Schatz?« – »Dass ich jetzt sechs bin! Ich war noch nie sechs!!«** *Mathilda, sechs Jahre*

Wer auch innerlich wachsen will, sollte die eigene Vergangenheit realistisch einordnen können.

> **»Als ich halb drei war, war ich noch zwei.«** *Alex, drei Jahre*

Daraus folgt die Erkenntnis, dass damals manches anders war, vor allem man selbst.

> **»Früher, als ich klein war …«** *Fabien, schon fünf Jahre alt*

Schließlich ist das Lebensziel: persönliche Weiterentwicklung. Es geht voran!

»Wie alt bist du?« – »Neun. Aber nur in diesem Jahr.« *Felicitas, neun Jahre*

Wenn es doch mal nicht so läuft, werden manche zum Miesepeter – zum Glück nur temporär.

Jakob hat sich geärgert: **»So, jetzt bin ich stinkesauer.«** Nach einer kurzen Weile kommt er wieder: **»So, jetzt stinke ich nicht mehr!«** *Jakob, drei Jahre*

Gegen schlechte Laune hilft, sich die eigenen Stärken bewusst zu machen.

»Malen kann ich schon ganz gut, aber drüber rausmalen noch besser.« *Anton, vier Jahre*

Auch die Astrologie stellt wichtige Informationen über Charakter und Fähigkeiten zur Verfügung.

»Papa, was ist dein Sternzeichen?« – »Ich bin Wassermann. Kennst du deins?« – »Ich bin Säbelzahntiger.« *Laurin, vier Jahre*

Beim Sinnieren über die eigenen Vorzüge können wir uns bisweilen nicht entscheiden: Sind wir nun wundervoll, wunderbar oder wunderschön?

»Wenn man sich nicht entscheiden kann, dann heißt das Bescheidenheit.« *Paul, fünf Jahre*

Und wir wissen ja: Bescheidenheit ist eine Zier – also eigentlich zu nichts nutze.

»Mama, ich bin nicht niedlich! Ich bin großartig!«
Enya, drei Jahre

Übrigens haben Vorurteile über die Jugend von heute nicht einmal einen wahren Kern. Etwa dass sie sich nicht aus ihrer Komfortzone wagen würde. Von wegen!

Der Klavierlehrer fragt, ob der härtere Hocker in Ordnung sei oder ob Nora den weicheren haben möchte. **»Nein, danke – ich kann mich auch auf harten Stühlen entspannen!«** *Nora, sechs Jahre*

Nachwuchskünstlerin Nora mag zwar selbst auf einem Nagelbrett entspannt bleiben. Das heißt aber nicht, dass sie – weil sie nun ein Jahr älter ist – musikalische Entwicklungsschritte überspringen kann.

Klavierstunde, Nora darf sich ein neues Übungsstück aussuchen. Der Klavierlehrer spielt ein sehr schönes Stück von Debussy vor. **»Es gefällt mir leider nicht. Ich glaube, ich bin einfach noch zu jung für die Moderne!«** *Nora, sieben Jahre*

Trifft die Musikauswahl weiterhin nicht den Geschmack, könnte dieses Resümee einen Schlussakkord in Moll bedeuten.

»Schlagzeugspielen ist guter als Klavierspielen!«
Annalise, sieben Jahre

Andere wissen längst, dass ihre große Leidenschaft nicht die Musik, sondern die Technik ist. Leider haben die Eltern dies bei der Namenswahl nicht berücksichtigt.

Jan-Eric, ein großer Eisenbahnfan, überlegt: **»Wäre gut, wenn ich Jan-Erice heißen würde. Hinten mit e.«** Mama: **»Warum denn?« – »Dann wär ICE in meinem Namen.«** *Jan-Eric, fast sechs Jahre*

Der Gipfel der Selbsterkenntnis ist aber, herauszufinden, wer man sein will. Und wie viele. Und was die dann so zu tun haben.

Louis: **»Ich werde Erfinder, und Nr. 4 wird der Herrscher der Welt!«** Mama: **»Welche Nr. 4?« – »Ich erfinde einen Zauberspruch, der mich öfter macht und der 4. wird Weltherrscher.« – »Was machen die anderen drei?« – »Die erfinden viele tolle Sachen wie Gold!«** *Louis, drei Jahre*

Andererseits: Persönliche Weiterentwicklung wird überschätzt. Wer braucht das schon, wenn man bereits perfekt ist?

»Vielleicht wirst du ja mal Wissenschaftlerin ...« – »Möchte ich aber nicht.« – »Musst du ja nicht. Was

möchtest du denn mal werden?« – »Weiß ich nicht. Ich will nichts werden. Ich will so bleiben, wie ich bin.« *Ingemarie, fünf Jahre*

Und von Glück kann reden, wer den Zustand höchster Zufriedenheit bereits erreicht hat:

»Mama, ich möchte ein Tagebuch – wobei … nein, die schlimmsten Tage meines Lebens sind schon vorbei.« *Gabriel, sieben Jahre*

Dann fällt es leicht, zuversichtlich in die Zukunft zu blicken.

»Timmy, was glaubst du, machst du in 15 Jahren?« – »Da sitz ich in meinem Pool und zähle mein Geld!« *Timmy, acht Jahre*

Dabei soll nicht vergessen werden: Andere haben weniger Glück im Leben.

In der Vorweihnachtszeit im Kaufhaus. Der Sohn möchte alles haben, was nach Spielzeug aussieht, doch Papa schmettert jeden Wunsch mit einem klaren Nein und dem Hinweis auf Weihnachten ab. Mit hängendem Kopf seufzt der Sohn: **»Papa, hattest du auch so eine schwere Kindheit?«** *Till, vier Jahre*

13.

Ausgezogen, um die Welt zu sehen (oder lieber doch nicht)

Kinder sind vom Wesen her Entdecker, jederzeit bereit, die große, weite Welt zu erkunden. Praktischerweise beginnt diese direkt an der Haustür. Der Nachwuchs ist im Vergleich zu seinen Eltern nämlich weitaus offener für Neues auch im Nahbereich und hält es da eher mit Goethe:

»Willst du immer weiter schweifen? Sieh, das Gute liegt so nah. Lerne nur das Glück ergreifen: Denn das Glück ist immer da.«

Kindern ist zumindest in den jüngsten Jahren nur eines wichtig: Dass die Guten – sprich die wichtigsten Bezugspersonen in ihrem Leben – möglichst nah sind. Und Zeit für sie haben. Dann ist es egal, ob die familiäre »Quality-Time« im Dschungel, an fernen Stränden oder in animationsintensiven Club-Hotels verbracht wird. Oder im Wald um die Ecke. Nicht egal ist hingegen, wie lange es dorthin dauert (kleiner Spoiler: immer, immer zu lang!). Denn Geduld mag eine Tugend sein, leider ist sie Kindern nicht zu eigen. Und falls sie doch bereits ein zartes Geduldsfädchen haben, an dem sie bei der Anreise herumzwirbeln, ist dieses nicht allzu stabil.

Folgendes Detailwissen über eine eher unbekannte Eigenschaft von Geduldsfäden könnte Eltern beruhigen, wenn die Frage »Wann sind wir endlich da?« zum 548. Mal gestellt wird, und zwar innerhalb der ersten Stunde nach der Abreise.

> **»Papa, wenn wir nicht bald da sind, reißt mir der Geduldsfaden. Macht aber nichts, der wächst auch wieder nach.«** *Julian, fünf Jahre*

Manchmal lenkt der Blick aus dem Fenster von der beinahe

körperlich zu spürenden Langeweile ab. Kleine Unterschiede zur Heimat werden deutlich und helfen beim Abschied aus dem grauen Alltag.

Auf der Fahrt in den Urlaub, auf Landstraßen im Allgäu: **»Hier wird es immer bauernhöflicher.«** *Bela, vier Jahre*

Endlich am Ziel ist es dann doch wieder nicht recht.

Im Urlaub an der Nordsee ist es stürmisch und kalt. Finn grummelt: **»Hier ist ja noch der halbe Winter!«** *Finn, vier Jahre*

Äußerst praktisch ist es, wenn man einfach weiterreisen kann:

»Der Opa fährt mit der Wohngarage in den Urlaub.« *Carina, drei Jahre, über den Wohnwagen ihres Großvaters*

Während man sich in Wohngaragen und anderen fahrbaren Untersätzen laut Verkehrsordnung jederzeit anzugurten hat, genießen Flugpassagiere die Freiheit über den Wolken.

»Papa, im Flugzeug muss man sich nur anschnallen, wenn man startet oder landet – oder wenn das Flugzeug abstürzt.« *Felix, sechs Jahre*

Einige Kinder warten übrigens nicht die Ferienzeit ab, um sich davonzumachen: Voller Erstaunen entdeckten etwa diese Eltern im Kleingedruckten, dass sie eine unverzüglich wirksame Ausstiegsklausel übersehen haben.

Nach einem Streit mit den Eltern droht sofortiger Auszug: **»Ich kündige den Mietvertrag!«** *Daniela, fünf Jahre*

Andere wollen gar nicht weg – ja, sich nicht einmal vom Fleck bewegen:

Die fünfjährige Ada auf der Couch: **»Ich bleibe jetzt hier liegen, bis ich 16 bin.«** *Ada, fünf Jahre*

Denn manche Ziele im Leben möchte man lieber nicht erreichen, haben sie doch keinen sonderlich guten Ruf.

»Wenn du erst einmal in die Pubertät kommst …«
»Ich will aber nicht in die Pubertät, ich will zu Hause bleiben!« *Levi, fünf Jahre*

Extra: Wie Kinder die Welt wahrnehmen
Interview

»Wer sich bewegt, kommt voran«
Für kleine Kinder ist jeder Tag ein Aufbruch ins Unbekannte. Wie erobern sie diese Welt voller neuer Ein-

drücke und Erfahrungen? Ein Gespräch mit Renate Zimmer, Erziehungswissenschaftlerin mit dem Schwerpunkt frühe Kindheit. Die emeritierte Professorin lehrte Bewegungs- und Sportwissenschaft an der Universität Osnabrück und ist Autorin vieler Bücher zur Bewegungserziehung und Entwicklungsförderung von Kindern.

Bauklötze in den Mund, Finger in den Matsch: Kinder nehmen die Welt mit allen Sinnen wahr. Welche Lernprozesse laufen dabei ab? Welche Fähigkeiten werden entwickelt?
Renate Zimmer: Der Mund ist bei Babys das wichtigste Erkundungsorgan, sie müssen alles, was sie erkunden wollen, erst mal in den Mund stecken und mit dem Tastsinn erforschen, auch anfassen, berühren – nur so können sie die Dinge kennenlernen, sich die Welt aneignen. Nach dem Tastsinn sind es aber auch die anderen körpernahen Sinne, die Bewegungswahrnehmung, das Gleichgewicht, die das Kind bei der Eroberung der Welt einsetzt. Sich zu bewegen und die Welt mit allen Sinnen kennenzulernen, ist nicht nur ein elementares Bedürfnis eines Kindes. In den ersten Lebensjahren sind Wahrnehmung und Bewegung wichtige Erfahrungsmedien, von denen es abhängt, in welcher Weise das Kind seine Umwelt verarbeitet. Man kann sagen: Lernen im frühen Kindesalter ist in erster Linie Lernen über Wahrnehmung und Bewegung.

Wie können Eltern ihre Kinder dabei unterstützen?

Eigentlich brauchen Eltern sich nur darauf einzulassen, was ihnen die Kinder jeden Tag zeigen: Also beim Spaziergang nicht den Mauern auszuweichen, die die Kinder erklimmen und auf denen sie balancieren wollen, oder auch die Matschpfützen nicht zu verbieten. Sie sind wichtig, weil sie die Kinder auf vielfältige Weise herausfordern. Und sie sollten auch einfach mehr mit ihnen nach draußen gehen, in den Wald oder auf einen Spielplatz. Die Natur bietet so viele Sinneserlebnisse, draußen spielen ist für Kinder mit vielen Abenteuern verbunden. Man braucht nur die richtige Kleidung, um auch bei Regen Schätze zu entdecken. Pfützen bilden sich auf dem Weg, man kann vorsichtig hineinwaten oder auch mutig darüberspringen.

Eltern können Kinder darin unterstützen, indem sie diese Bedürfnisse der Kinder ernst nehmen und ihnen täglich Gelegenheit geben, im Spiel die eigenen Kräfte zu entdecken und das eigene Können auf die Probe zu stellen.

Gibt es Impulse, die in bestimmten Entwicklungsstufen der frühen Kindheit besonders wichtig sind?

Kleinstkinder benötigen viel Bewegungsraum, auf dem Boden, auf Polstern und Kissen, wo sie sich dann krabbelnd und kriechend bewegen können. »Wer sich bewegt, kommt voran« – das ist in doppeltem Sinn zu verstehen: Das Kind kommt im Raum voran, kann die Dinge erreichen, die sein Interesse wecken; es kommt aber auch in seiner Entwicklung voran, lernt sich einzuschätzen, gewinnt Vertrauen in die eigenen Fähigkeiten, die sich ja gerade in Bewegungsaktivitäten jeden Tag erweitern. Mit dem Laufrad fahren, das erste Mal Fahrrad fahren – das sind Erlebnisse, die Kinder stolz machen, sie sind in allen Entwicklungsstufen wichtig. Selbstständigkeit kommt von »Selber stehen können«, also sich in seinen Bewegungsaktivitäten immer sicherer zu werden, das trägt dazu bei, dass es auch im Alltag mehr und mehr Selbstständigkeit entwickelt.

Und was sollten Eltern vermeiden, um die Entwicklung ihrer Kinder nicht zu hemmen?

Eltern sollten drei Dinge vermeiden: Überbehütung, zu frühes Eingreifen in die Versuche des Kindes, eine Herausforderung selbstständig zu bewältigen, und abwertende Bemerkungen. Sie sollten ihren Kindern ruhig etwas zutrauen, nicht immer mit »Pass auf«, »Sei vorsichtig« die Kinder bremsen. Einschreiten sollten sie nur dann, wenn wirkliche Gefahren, die das Kind nicht erkennen kann, drohen. Und falls dann mal ein Missgeschick passiert, dem Kind etwas nicht gelingt, dann sollten sie das nicht auch noch mit Bemerkungen wie »Hab ich doch gleich gesagt« kommentieren. Wichtiger ist, das Kind auch dann zu ermutigen: »War auch ganz schön schwer, versuch doch mal von der anderen Seite hochzuklettern …« Kinder brauchen das Erleben, selbst etwas bewirken zu können. Wenn Eltern zu früh helfend eingreifen, nehmen sie dem Kind das Gefühl, eine Sache, die es sich vorgenommen hat, selbst bewältigt zu haben. »Geschafft!«, »Ich kann's« – das macht Kinder stolz und gibt ihnen Selbstwertgefühl – eine wichtige Grundlage für die Entwicklung ihrer Persönlichkeit.

14.

Bewegungsdrang, Sport und andere Körperkünste

Falls Kinder (noch) keine Bewegungskünstler sind, dann sind sie wenigstens Stehaufmännchen (gleich welchen Geschlechts). Sonst würden sie den evolutionär-revolutionären aufrechten Gang der Zweibeiner ja nie lernen. Aber auch wenn sie längst auf geraden Linien statt in wackeligen Kurven durch die Gegend stapfen, versiegt die Freude an der Fortbewegung nicht. Und schon gar nicht an deren abseitigen Spielarten. Während Erwachsene brav und, ja, ein wenig langweilig auf ausgetretenen Pfaden oder dem Bürgersteig bleiben, sehen ihre Töchter und Söhne links und rechts der vorgegebenen Wege keine Hindernisse, sondern Herausforderungen: Felsen, die es zu erklettern, Treppen, die es zu behüpfen, oder Pfosten, die es zu erklimmen gilt. Das klingt nach einem Perpetuum mobile auf zwei Beinen, doch der erste Eindruck immerwährender Bewegung täuscht. Mit dem Einschalten eines Bildschirms sind Kinder nur noch geistig beweglich, wenn überhaupt. Und mit der Einschulung werden den mobilen Kleinen ebenfalls enge Grenzen gesetzt.

Spätestens dann tönt landauf, landab die Klage, die Kinder bewegten sich zu wenig im Alltag. Dabei sind sie kaum zu stoppen, wenn sie erst mal in Schwung sind.

> Helene springt mit ausgebreiteten Armen vom Sofa, über den Hocker, einen Stuhl und wieder über das Sofa. Nach einer Weile bittet die Mutter sie genervt, damit aufzuhören. **»Das geht gerade nicht. Wenn ich fliege, kann ich so schlecht bremsen.«** *Helene, fünf Jahre*

Irgendwann sollten die Eltern dann aber doch einschreiten – es droht akuter Orientierungsverlust!

Mit dem Kopf auf dem Tisch: **»Mami, ich bin voll platt, ich weiß nicht mehr, wo oben und unten ist.«** *Oskar, drei Jahre*

Mit so trivialen Argumenten wie Hitzschlag oder Sonnenstich brauchen die großen Bewegungsmuffel aber gar nicht erst zu kommen.

Sardinien im Sommer, Juri spielt bei steigenden Temperaturen fünf Stunden Fußball, bis er schließlich um 13 Uhr den Vater aufsucht, der bei gefühlt 40 Grad am Strand liegt. **»Papa, gehen wir jetzt Tennis spielen?«** Auf dem Hartplatz wäre es sicher noch mal zehn Grad heißer. Auf die Frage, ob er nicht erst mal eine Pause machen möchte, antwortet Juri schulterzuckend: **»So ist das halt, wenn man Sportler ist!«** *Juri, acht Jahre*

Gut, wenn es im Vorhinein klare Regeln gibt. Blöd, wenn niemand da ist, um die Einhaltung zu überwachen.

Papa und Sohn spielen Fußball. Nach einer Weile kommen beide zurück. Der Papa berichtet, dass der Sohn gefoult hat. Mama sagt, dass Foulen nicht erlaubt ist. Der Sohn entgegnet: **»Aber Mama, da war kein Schiedsrichter.«** *Leonardo, drei Jahre*

Allerdings sollten Sportler die Grundlagen ihres Spiels kennen. Als ob das Tor beim Tischtennis besonders hoch hängen würde!

»Ich hab geträumt, dass ich Tischtennis gespielt habe. Ich hab einfach den Ball nach oben geworfen und ganz viele Tore gemacht!« *Jonathan, fünf Jahre*

Vor Anpfiff gilt es, weitere kleine Unterschiede zu klären – und die Namensfrage sowieso.

Beim Fußballspielen auf der Wiese: **»Sag mal, heißt eine Mannschaft, die aus Frauen besteht, dann eigentlich ›Frauschaft‹?«** *Nico, sechs Jahre*

Egal ob ein Männer- oder Frauenteam aufläuft, die Zuschauer warten sowieso auf ganz etwas anderes. Wärmt euch schon mal auf, ihr TrainerInnen der Republik!

»Ich weiß jetzt, wieso Fußball so spannend ist. Da gibt es Männer, die rennen manchmal verkleidet oder nackt übers Spielfeld und werden von einem Trainer verfolgt. Das Spannende daran: Man weiß nie, wann es wieder passiert.« *Theo, fünf Jahre*

Weithin zu erkennen ist, wenn jemand das Aufwärmen ein wenig übertrieben hat.

Jan kommt zu spät nach Hause, steht mit hochrotem Kopf vor der Tür: **»'tschuldigung, musste noch für Osram Reklame laufen.«** *Jan, 13 Jahre*

Mit das Wichtigste beim Training ist – wie in so vielen anderen Lebensbereichen: Was du heute kannst besorgen, das verschiebe nicht auf morgen!

Morgens an der Bushaltestelle auf dem Weg zum Kindergarten läuft Ringo immer im Kreis. Fragt ihn eine Dame: **»Na, du machst wohl Morgensport?« – »Nee, heute!«** *Ringo, vier Jahre*

Um im Sprichwörtlichen zu bleiben: Ohne Fleiß kein Preis. Und war gar keiner ausgelobt, gibt es andere Mittel und Wege, um zu feiern.

»Wir müssen uns verarmen. Das macht man so, wenn man beim Fußball gewinnt.« *Karl, drei Jahre*

Für den sportlichen Erfolg sind allerdings gewisse körperliche Voraussetzungen unabdingbar.

»Meine Beine sind soooo lang. Sie reichen beide bis zum Boden.« *Alexander, drei Jahre*

Der Erfolg, wissen Profis, entscheidet sich im Kopf. Schließlich ist Sport doch nichts anderes als klug angewandte Physik, die Lehre von Bewegung und Trägheit der Massen. Eine Punktlandung, würden wir sagen.

Tom springt vier Stufen der Steintreppe herab. Papa: **»Sei vorsichtig und nimm nur drei Stufen!«** Tom geht wieder hoch und springt erneut: **»Papa, ich bin ein Genie!«** *Tom, vier Jahre*

Wer solch ein Wissen in Händen hält, wird große Fortschritte machen – unter halbvollem Körpereinsatz.

Beim Fahrradfahren: **»Jetzt kann ich schon einhändig fahren. Und jetzt …«** – hebt kurz den zweiten Arm – **»keinhändig!«** *Clara, vier Jahre*

Bei Bewegungsmustern kann man sich einiges von der Tierwelt abschauen.

Thalia liegt auf dem Bauch und hat die Beine übereinandergeschlagen. **»Guckt mal! Ich bin eine Schlange, ich habe nur ein Bein!«** *Thalia, drei Jahre*

Ganz wichtig im Training: Nicht nur das große Ziel anvisieren, sondern sich schon an den kleinen Erfolgen erfreuen.

»Mama, ich bin viel schneller als die parkenden Autos!« *Lea, sechs Jahre*

Ein gewaltiger Schritt ist geschafft, wenn Hilfsmittel wegfallen. Darauf sind junge Sportler zu Recht stolz.

»Ich kann schon Fahrrad fahren, und ohne Stützräder, nicht wie der Postbote!« *Greta, fünf Jahre*

Andere sollten ihre Ausrüstung frühzeitig überdenken, wenn sie es im Sport weit bringen wollen.

»Ich kann schon schneller rennen – aber meine Gummistiefel nicht.« *Tabea, vier Jahre*

Bisweilen ist es nicht die Motivation, sondern die Topografie, die alles am Laufen hält.

»Renn bitte nicht den Berg runter!« – »Ich renne nicht, der Berg rennt mich!« *Emilia, drei Jahre*

Auch im Sport sollte man niemals vom Äußeren auf die inneren Werte schließen. Allerdings lassen sich persönliche Zustände damit doch ganz gut erklären.

»Ich bin so müde, wie Özil aussieht.« *Konrad, sieben Jahre*

Im Training lernen Kinder ihre eigenen Grenzen kennen – und zu respektieren.

Beim Spazierengehen: **»Ich kann nicht mehr weitergehen, meine Laufe ist kaputt.«** *Jakob, zwei Jahre*

Dabei ist das Prinzip Leistungskurve zu beachten – diese ist eigentlich nicht schwer zu verstehen:

»Papa, ich kann nicht mehr – bin total flach!«
Valentin, fünf Jahre

Einige nähern sich dem Sport lieber langsam von den Zuschauerrängen aus.

»Puh, Wandern ist ganz schön anstrengend. Gut, dass ich in der Kraxe sitze.« *Alexander, drei Jahre*

Ist dies keine Option mehr, hilft angepasste Geschwindigkeit auf den letzten Metern bis ins Ziel.

Die Fahrradtour ist fast geschafft. Hannah: **»Wie lange dauert es noch?« – »Fünf Minuten.« – »Dann fahr ich die letzten fünf Minuten ganz langsam.«** *Hannah, sieben Jahre*

Um die Freude an der Bewegung nicht zu verlieren, ist es unabdingbar, die eigenen Vorlieben zu kennen. Und klar zu verteidigen.

Im Kindergarten wird anstatt »Tanz und Musik« nun »Science Pool« angeboten. Matthias beleidigt: **»Da geh ich nicht hin. Ich tanze nur!«** *Matthias, vier Jahre*

Leider entspricht das sportliche Angebot in Tagesstätten nicht jedem Geschmack. Vielleicht wird es aber nur falsch vermittelt.

Nach dem ersten Tag im Kindergarten: **»Ist die Erzieherin nett?« – »Ja, aber ein bisschen doof ist sie schon.« – »Warum denn?« – »Wir müssen da am Boden rumrollen.«** *Julian, drei Jahre, nach der Turnstunde in der Kita*

Hat das jahrelange Training aber erst zu mehr Beweglichkeit geführt, lässt sich diese Fertigkeit in vielerlei Hinsicht für die eigenen Zwecke einsetzen. Und sei es als gekonntes Ablenkungsmanöver. Chapeau!

Mama: **»Schau mal, überall ist dein Zeug verstreut!«** Klara: **»Hmm.« – »Warum siehst du das Zeug nicht? Du bist schon fünfmal drübergestiegen!« – »Hmm.« – »Ver#*!%!« – »Schau mal, Mama, dafür kann ich mit meinem Fuß telefonieren!«** Sie zieht den rechten Fuß zum Ohr und ›telefoniert‹. *Klara, elf Jahre*

Längst erwiesen ist, dass Sport sowohl das Körpergefühl als auch das Selbstbewusstsein stärkt. Mehr, als manchen Eltern lieb ist.

Frieda wartet das Schimpfen ab. Dann meint sie: **»Mir eh egal, ich kann nämlich schon auf einem Bein stehen.«** *Frieda, vier Jahre*

Extra: Wie Kinder und Eltern in Bewegung kommen

Draußen ist es kalt und nass? Bewegen kann man sich auch im Wohnzimmer oder im Flur: Ball, Tuch und Kochlöffel reichen für einen Mini-Sportparcours, sagt Erziehungswissenschaftlerin und Bewegungsexpertin Renate Zimmer.

Ballschleuder: Nehmen Sie ein Küchentuch und einen Ball, fassen Sie mit dem Kind die Ecken des Tuchs (jeder Mitspieler fasst eine Ecke oder zu zweit jeweils zwei), legen Sie den Ball auf das Tuch, werfen ihn hoch und versuchen dann, ihn wieder aufzufangen. Weitere Möglichkeiten fallen Ihnen beim Spiel ein – und den Kindern bestimmt auch.

Kochlöffelhockey: Stellen Sie im Flur mehrere Schuhe mit Abstand auf. Jeder Mitspieler bekommt einen Kochlöffel und rollt damit einen kleinen Ball um die Schuhe herum.

Bewegungslandschaft im Wohnzimmer: Bauen Sie mit Kissen und Polstern eine Höhlenlandschaft, unter der man hindurchkriechen und in der man sich verstecken kann. Springen darf man über die Kissen natürlich auch.

15.

Lernen (nicht nur für die Schule)

Eine der wichtigsten Erkenntnisse im Eltern-Dasein: Kinder haben Spaß am Lernen, solange man es nicht so nennt. Sind Vorurteile gegenüber bestimmten Fachrichtungen erst einmal verankert, sollten kundige Mütter und Väter ihre Kenntnisse etwa über mathematische oder physikalische

Zusammenhänge unter dem Deckmantel der Alltagsfreuden weitergeben. Dann lassen sich Ursache und Wirkung, das Prinzip der Kraftübertragung, das Trägheits- oder das Energieübertragungsgesetz ganz wunderbar erklären. Zum Beispiel auf dem Jahrmarkt beim Autoscooter (vielleicht besser vor und nach der Fahrt, nicht währenddessen): Hierbei handelt es sich um einen (realen) elastischen Stoß – kinetische Energie wird von einem Körper zum anderen weitergegeben, bleibt also insgesamt erhalten. Und gleich noch mal mit WUMMS!!!

Ist das Fachchinesisch mit realen Vergnügungen verknüpft, bleibt das Wissen tief im Kinderhirn verankert. Hoffentlich. Generell aufgeschlossen sind Kinder gegenüber technischen Neuerungen, auch »the next hot shit« genannt, während Erwachsene da gerne erst einmal fremdeln (manche Großeltern rätseln immer noch über die Bedienung des Videogeräts, während selbst der DVD-Player längst vom Streaming überholt wurde).

Denn der technische Fortschritt ist nicht aufzuhalten – nicht einmal vom Grundschul-Lehrplan. Obwohl er es versucht.

Der Aufgabenplan der ersten Klasse enthält die Empfehlung, zum Rechnen ein Hilfsmittel wie einen Eierkarton zu nehmen. Doch der Sohn weiß es besser: **»Mama, wir brauchen keinen Eierkarton, wir brauchen nur einen Taschenrechner!«** *Eren, sieben Jahre*

Mit den ersten Lesefähigkeiten wächst zwar die Selbstständigkeit – endlich muss man nicht mehr warten, bis die Eltern Zeit zum Vorlesen haben! –, allerdings spielt dafür die Akustik nicht immer mit.

> **»Mama, ich hab leise gelesen.« – »Schön! Und um was geht es in der Geschichte?« – »Aber Mama. Das weiß ich doch nicht. Ich hab doch leise gelesen.«** *Luise, sieben Jahre*

Wer dann des Lesens – ob laut oder leise – mächtig ist, erkennt: Selbst in Schulbüchern steht nicht immer die Wahrheit und nichts als die Wahrheit.

> **»Mama! Was in meinem Deutschbuch steht, stimmt nicht! Es gibt doch VIER Artikel!?! Der, die, das und des. Ich sag ja ›des Auto‹.«** *Lea, sechs Jahre*

Auch Eltern haben manchmal überraschende Bildungslücken.

> Mama macht eine Weiterbildung. Viel lesen und schreiben müsse sie da, erklärt sie den Kindern, wie in der Schule. Beim Abholen im Kindergarten – viele andere Eltern und Erzieherinnen sind gerade in der Nähe – fragen sich die Kinder gegenseitig, was die Eltern so machen: »Elektriker«, »Feuerwehrler«, »Arzt« ... und: **»Unsere Mama geht in die Schule und lernt lesen und schreiben.«** (Die stummen, mitleidigen Blicke – unbezahlbar.) *Tom, vier Jahre, und Zoe, drei Jahre*

Schön, wenn dann wenigstens der Umgang mit Zahlen leichtfällt. Überhaupt sollten Kinder an das Thema Mathematik so unbeschwert wie möglich herangeführt werden.

Jonathan singt: **»A Ce De Ee eF Ja De, so kann ich das A De Ce. Mama, ein Lied über die Zahlen!«** *Jonathan, vier Jahre*

Überraschenderweise lernen die Kleinen im Fremdsprachenunterricht die Farbe des Geldes kennen.

Der Drittklässler hatte in der Schule seine erste Englischstunde. Thema waren die Farben: **»Red, blue, green, orange, yellow, pink und paypal.«** *Jonne, acht Jahre*

Andere legen den Fokus auf viel schwerer zu erlernende Sprachen.

»Mami, ich möchte an der Schule den Kurs für Gebärdensprache machen. Da lerne ich, wie sich Bären unterhalten.« – »Das ist die Sprache von Tauben.« Das war der Moment, als Oskar die Welt nicht mehr verstand. *Oskar, fünf Jahre*

Dass Äpfel manchmal doch weit vom Stamm ins Gras plumpsen, fällt auf. Besonders in der Schule.

Paul erzählt der Oma, dass Rafaels Eltern beide Lehrer

sind. Oma: **»Dann ist der Rafael bestimmt sehr gescheit!« – »Nein, der ist genauso blöd wie wir anderen!«** *Paul, sechs Jahre*

Doch nicht nur in der Schule, auch im Leben lernen wir. Sogar im Urlaub können Eltern unvermittelt in die Situation kommen, erklären zu müssen, wie Babys wirklich in den Bauch kommen. Ganz ohne Ketchup.

Am Strand geht eine hochschwangere junge Frau vorbei. Jan macht große Augen. Mama erklärt: **»Guck mal, die hat ein Baby im Bauch!«** Jan guckt entsetzt: **»Aufgegessen?«** *Jan, zwei Jahre*

Zum Glück gibt es Zentren, wo der Nachwuchs beim Experten bestellt werden kann. Lieferfrist: neun Monate. Reine Flugzeit: drei Stunden.

Beim Frühstück läuft im Radio ein Werbespot für ein Kinderwunschzentrum. Florentine möchte wissen, was das ist. Während die Eltern nach einer kindgerechten Antwort suchen, beantwortet sie ihre Frage selbst: **»Da kann man hingehen und dann von dort den Klapperstorch anrufen.«** *Florentine, sieben Jahre*

Bei solchen Fähigkeiten zum logischen Denken kann die Schullaufbahn getrost abgekürzt werden. Dass der Unterricht reine Lebenszeitverschwendung ist, wird manchem Erstklässler recht früh klar.

Nach dem zweiten Tag in der Grundschule: **»Ihr könnt mich jetzt wieder abmelden. Es gefällt mir nicht.«** *Anton, sechs Jahre*

Wer doch länger bleibt, erkennt bald:

»Das dauert mir so langweilig.« *Lilo, fünf Jahre*

Ein Ziel vor Augen zu haben, kann die Motivation steigern.

»Wenn ich groß werde, will ich Linksanwalt werden.« – »Du meinst Rechtsanwalt.« – »Nein, das ist doch Torges Papa schon. Ich werde Linksanwalt.« *Simon, vier Jahre*

Gleiches gilt für gute Vorbilder.

Henry sitzt nachdenklich am Tisch. Mama: **»Was machst du?« – »Ich denke, ich denke.« – »Hast du das von mir?« – »Nein, von Winnie Puuh.«** *Henry, vier Jahre*

Die wirklich entscheidenden Fragen im Leben können allerdings schon Vorschüler klären:

Homeschooling. Während der große Bruder Franz (1. Klasse) arbeitet, macht Ludwig immer fleißig Kindergarten-Vorschularbeitsblätter. **»Franz, du machst heute Seite 81 im Arbeitsheft. Ludwig, auf welcher**

Seite bist du eigentlich?« Ludwig: **»Auf der dunklen Seite der Macht!«** *Ludwig, vier Jahre*

Und wer ist wirklich schuld an der Misere der Schüler? Ausnahmsweise mal nicht die Eltern.

Marek: **»Mama, was, denkst du, ist der schwierigste Beruf der Welt?«** Mutter: **»Hm? Herzchirurg? Uni-Präsident? Tierheimleiter? Keine Ahnung.« – »Ich glaube, es ist Lehrer sein.« – »Lehrer? Wie kommst du denn darauf?« – »Weil es so viele so schlecht machen. Dann muss es doch schwierig sein, sonst würden sie es ja besser machen.«** *Marek, elf Jahre*

Schlusswort

Hat Sie, liebe Leserinnen und Leser, nach der Lektüre nun die Erkenntnis wie ein Blitz getroffen: Kinder sagen nicht nur (meistens) die Wahrheit, nein, weise sind sie auch! Und wenn man auf ihre Ratschläge hört, kann das Leben so viel einfacher sein.

So beraten, müssen Sie sich nun nie wieder Gedanken um einen Stromausfall machen, jedenfalls dann nicht, wenn das Ende der Menschheit sowieso nahe ist – Tiere brauchen keine Lichtschalter. Sie wissen jetzt, woran es liegt, wenn Sie sich nach einem länglichen Arbeitstag nicht mehr zum Sport motivieren können: Sie sind einfach total flach. Falls Sie sich doch aufraffen, sind Sie bestimmt schneller als zwölf parkende Autos! Und wer wirklich fit werden will, setzt besser nicht auf Morgensport, sondern legt gleich heute los. Was Sie dann noch bremsen kann? Gummistiefel.

Ob bewegt oder nicht, nehmen Sie sich Zeit für die wirklich wichtigen Dinge im Leben: Essen Sie mehr Lieblingsobst (der Tipp des Tages: Salami). Lassen Sie sich nicht mehr so schnell popozieren, schon gar nicht von Parschlöchern. Räumen Sie künftig nur mehr altersentsprechend auf. Fragen Sie Ihre Liebsten bei Gelegenheit, etwa an heißen Tagen, ob Sie sie kalt machen sollen.

Und: Wagen Sie Neues, schließlich sind Sie noch normal und nicht alt. Also bestellen Sie in der nächsten Eisdiele einfach mal »Gemüseigel«. Wohl bekomms.

Vor allem aber: Notieren Sie sich sogleich, was Ihre Kinder, Nichten, Neffen und Enkel schon wieder Komisches gesagt haben. Wer die Sprüche ein, zwei, drei, 20 Jahre später gemeinsam liest, sollte Taschentücher bereitlegen oder saugfähige Kleidung tragen, um die Lachtränen zu trocknen. Wer aber denkt, das ist so lustig, das vergesse ich nie … nun: Haben wir nicht alle so ein Gehirn, wo sich nix merken kann?

Viel Vergnügen mit den Kleinen wünschen Ihnen

Eva Dignös und Katja Schnitzler

Quellen

Kapitel 1: Was tun mit kleinen Wutmonstern?

SZ.de: »Eltern müssen Gefühle der Kinder ernst nehmen«, https://www.sueddeutsche.de/leben/expertentipps-zur-erziehung-eltern-muessen-gefuehle-der-kinder-ernst-nehmen-1.1653269 (Interview abgerufen am 28.11.2020)

Kapitel 4: Wie Haustiere zum Wohlbefinden beitragen – oder auch nicht

Deutsche Gesellschaft für Psychologie: »Haustiere: Garant für subjektives Wohlbefinden?«, Pressemitteilung vom 01.12.2016, https://idw-online.de/de/news664369 (abgerufen am 28.11.2020)

Originalstudie:

Luhmann, M., & Kalinski, A. (2018). How animals contribute to subjective well-being: A comprehensive model of protective and risk factors. Journal of Positive Psychology, 13(2), 200 – 214. http://dx.doi.org/10.1080/17439760.2016.1257054

Kapitel 5: Warum kleine Kinder so oft krank sind – und was Eltern tun können

Berufsverband der Kinder- und Jugendärzte: »Wie viele

Infekte sind bei kleinen Kindern noch ›normal‹?«, Pressemitteilung vom 01.12.2014, https://www.kinderaerzte-im-netz.de/news-archiv/meldung/article/wie-viele-infekte-sind-normal/ (abgerufen am 28.11.2020)

Berufsverband der Kinder- und Jugendärzte: »Erkältung (Grippaler Infekt)«, https://www.kinderaerzte-im-netz.de/krankheiten/erkaeltung-grippaler-infekt/ (abgerufen am 28.11.2020)

Kapitel 6: Was eine Familienmahlzeit gesund macht

Max-Planck-Institut für Bildungsforschung: »Sechs Komponenten einer gesunden Familienmahlzeit«, Pressemitteilung vom 14.10.2019, https://www.mpib-berlin.mpg.de/pressemeldungen/qualitaet-von-familienmahlzeiten (abgerufen am 28.11.2020)

Originalstudien:

Dallacker, M., Hertwig, R., & Mata, J. (2019). Quality matters: A meta-analysis on components of healthy family meals. Health Psychology. Advance online publication. doi:10.1037/hea0000801

Dallacker, M., Hertwig, R., & Mata, J. (2018). The frequency of family meals and nutritional health in children: A meta-analysis. Obesity Reviews. Advance online publication. doi:10.1111/obr.12659

Kapitel 8: Wie Kinder Aufräumen lernen

SZ.de: »Kinder lieben das Chaos«, https://www.sueddeutsche.de/leben/expertentipps-zur-erziehung-kinderlieben-das-chaos-1.1669419 (Interview abgerufen am 28.11.2020)

Kapitel 9: Warum Kinder Fantasiefreunde haben – und trotzdem mitten im Leben stehen

Marjorie Taylor: Imaginary companions and the children who create them, Oxford University Press, 1999

FAZ.net: »Ich sehe wen, den du nicht siehst«, https://www.faz.net/aktuell/gesellschaft/jugend-schreibt/phantastische-spielgefaehrten-ich-sehe-wen-den-du-nicht-siehst-1623915.html (Interview abgerufen am 21.11.2020)

Kapitel 10: Warum Kinder Taschengeld brauchen

Taschengeld-Empfehlungen des Deutschen Jugendinstituts: https://www.dji.de/themen/jugend/taschengeld.html (abgerufen am 28.11.2020)

Kapitel 13: Wie Kinder und Eltern in Bewegung kommen

Renate Zimmer: »Wilde Spiele zum Austoben: Durch Bewegung zur Ruhe kommen«, Herder Verlag 2018